商业银行票据

实训教程

主　编　郑焕刚　赵佳燕

副主编　李　黎　赵靓琳

　　　　任每思　李倩芸

SHANGYE YINHANG PIAOJU
SHIXUN JIAOCHENG

四川大学出版社

项目策划：唐　飞
责任编辑：唐　飞
责任校对：袁一帆
封面设计：墨创文化
责任印制：王　炜

图书在版编目（CIP）数据

商业银行票据实训教程 / 郑焕刚，赵佳燕主编. —
成都：四川大学出版社，2019.7（2021.12 重印）
　ISBN 978-7-5690-1928-5

　Ⅰ．①商… Ⅱ．①郑… ②赵… Ⅲ．①商业银行－票
据－银行业务－高等学校－教材 Ⅳ．① F830.33

　中国版本图书馆 CIP 数据核字（2019）第 135367 号

书名	商业银行票据实训教程
主　　编	郑焕刚　赵佳燕
出　　版	四川大学出版社
地　　址	成都市一环路南一段 24 号（610065）
发　　行	四川大学出版社
书　　号	ISBN 978-7-5690-1928-5
印前制作	四川胜翔数码印务设计有限公司
印　　刷	四川盛图彩色印刷有限公司
成品尺寸	185mm×260mm
印　　张	6.75
字　　数	163 千字
版　　次	2019 年 8 月第 1 版
印　　次	2021 年 12 月第 2 次印刷
定　　价	25.00 元

版权所有 ◆ 侵权必究

扫码加入读者圈

◆ 读者邮购本书，请与本社发行科联系。
　电话：(028)85408408/(028)85401670/
　(028)86408023　邮政编码：610065
◆ 本社图书如有印装质量问题，请寄回出版社调换。
◆ 网址：http://press.scu.edu.cn

四川大学出版社
微信公众号

前 言

《国家教育事业发展"十三五"规划》提出协调推进教育结构调整、协同营造良好育人生态，推动具备条件的普通本科高校向应用型转变，并明确提出引导高校从管理结构、专业体系、课程内容、教学方式、师资结构等方面进行全方位、系统性的改革。

商业银行票据实训教程，正是基于《国家教育事业发展"十三五"规划》的战略要求，为培养应用型金融本科人才，在银行票据的教学内容和教学方式方面，依据银行实际一线业务知识、能力和技能的要求，尝试使用"理论＋实际案例"的模式，增强学生实际业务操作能力，改变以往银行票据教学过于抽象、不具体、脱离实际等现象。

在本教程中，对常用的银行票据，除给出较详细的概念解释外，还展示具体的票据图片、使用流程和案例，使学生不仅能深刻理解各种银行票据使用的背景、条件和注意事项，以及可能给各关联方带来的潜在风险，达到对每种银行票据的本质理解，同时也能熟练掌握实际银行票据填写要素和规范。

本书的编写由《银行票据实训改革与探索》教改项目组成员共同完成。该项目是由教育部 2017 年发布的第二批产学合作协同育人项目（项目编号：201702138006），得到了专注于高等教育实验系统研发和教育资源产品分享的成都杰科力科技有限公司的大力支持，在此表示诚挚感谢。

本书由项目负责人郑焕刚主编，赵佳燕负责资料的统稿和后期的修改。其中，第一章由李黎编写，第二、三章由赵靓琳编写，第四章由李倩芸编写，第五、六章由赵佳燕编写，第七章由任每思编写，周小琪担任项目秘书，做了大量工作。

因编写的需要，收集和选择的一些具体案例、阅读材料，以及真实的银行票据，均来自网络、报纸、期刊等，由于篇幅有限，无法一一列出详细出处，在此对所有参考资料的作者表示真挚感谢。此外，由于这是银行票据实训环节教学内容和教学方法改革的初步尝试，加之团队成员能力、经验和时间有限，书中难免有不足之处，恳请读者和专家斧正。

如需上课协助指导，请关注微信公众号"上课宝"或"云班课"。

编 者

2019 年 5 月

目　录

第一章　银行票据简介

一、实训目标

（1）掌握票据的概念、分类及功能。

（2）了解票据的起源、发展及法律法规。

二、实训知识

（一）票据的概念

1. 票据的定义

广义的票据泛指可流通转让的各种有价证券和凭证，如债券、股票、提单、国库券、发票等。狭义的票据，即《中华人民共和国票据法》（以下简称《票据法》）中规定的"票据"，仅指出票人根据票据法签发的，由自己或指示他人无条件支付一定金额给收款人或持票人的，某些可以代替现金流通的有价证券，持有人具有一定权力的凭证。因此在我国，票据即汇票（银行汇票和商业汇票）、支票及本票（银行本票）的统称。它们的共同特点是，属于反映一定债权债务关系的、可流通的、代表一定数量货币请求权的有价证券。

2. 各类票据的概述

（1）汇票：指由出票人签发的，要求付款人在见票时或在一定期限内向收款人或持票人无条件支付一定款项的票据。汇票是国际结算中使用最广泛的一种信用工具。

根据签发人的不同，可将汇票分为银行汇票和商业汇票。

银行汇票：指由出票银行签发的，其在见票时按照实际结算金额无条件付给收款人或者持票人的票据，如图1－1所示。银行汇票的出票银行为银行汇票的付款人。表1.1为银行汇票的特点。

1

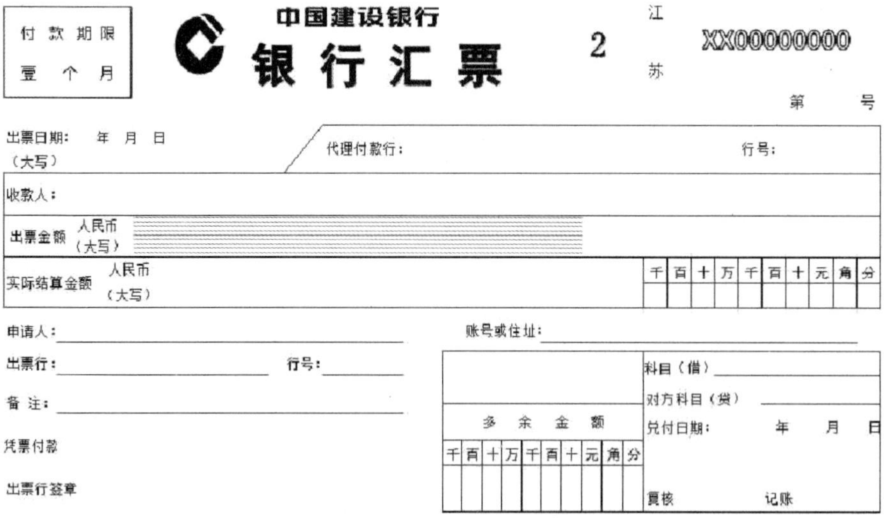
付款期限 壹个月
中国建设银行
银行汇票 2
江苏 XX00000000
第 号
出票日期：年 月 日（大写）
代理付款行： 行号：
收款人：
出票金额 人民币（大写）
实际结算金额 人民币（大写） 千 百 十 万 千 百 十 元 角 分
申请人： 账号或住址：
出票行： 行号：
备注：
凭票付款
出票行签章
多余金额 千 百 十 万 千 百 十 元 角 分
科目（借）
对方科目（贷）
兑付日期： 年 月 日
复核 记账

图 1－1 银行汇票①

商业汇票：指由出票人签发的，委托付款人在见票时或者在指定日期无条件支付确定的金额给收款人或者持票人的票据。根据承兑人的不同，商业汇票分为商业承兑汇票和银行承兑汇票，如图 1－2 和表 1.2 所示。图 1－3 为电子银行承兑汇票的正反面。

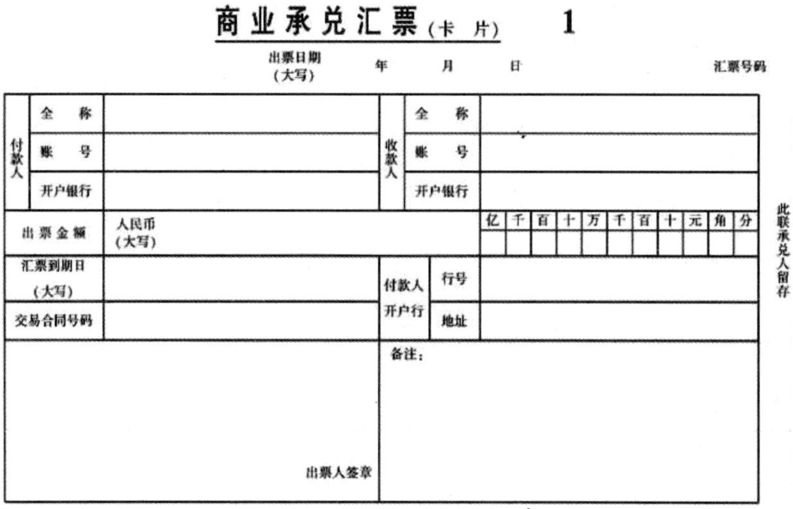
商业承兑汇票（卡 片） 1
出票日期（大写） 年 月 日 汇票号码
付款人：全称 账号 开户银行
收款人：全称 账号 开户银行
出票金额 人民币（大写） 亿 千 百 十 万 千 百 十 元 角 分
汇票到期日（大写）
付款人开户行：行号 地址
交易合同号码
备注：
出票人签章
此联承兑人留存

（a）商业承兑汇票

① 图片来源：《银行汇票是什么？》https://jingyan.baidu.com/article/a948d65145f9ad0a2dcd2ea3.html。

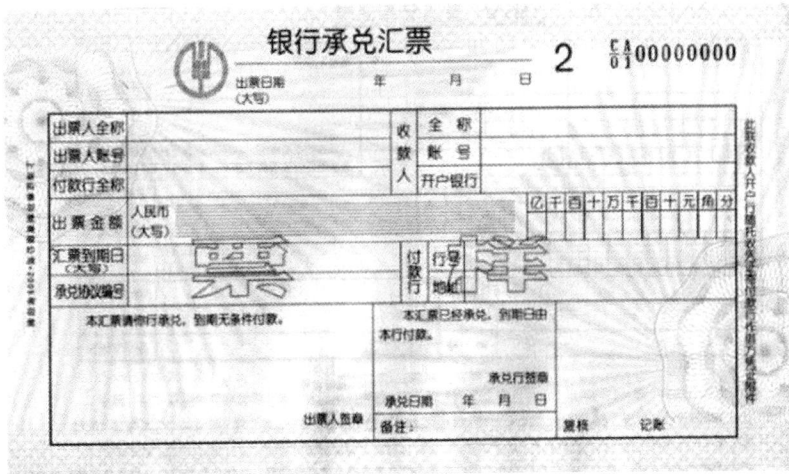

（b）银行承兑汇票

图1-2 商业汇票①

票据明细

（a）正面

① 图片来源：《商业汇票》https://baike.sogou.com和《银行承兑汇票如何贴现详解其贴现流程》https://jingyan.baidu.com。

票据详细

背书日期	
	转让背书
背书人名称	███████
被背书人名称	███████
能否转让	可转让
背书日期	
	转让背书
背书人名称	███████
被背书人名称	███████
能否转让	可转让
背书日期	2015-05-04
	转让背书
背书人名称	███████
被背书人名称	███████
能否转让	可转让
背书日期	2015-05-04
	质押背书
出质人名称	██████
质权人名称	██████
出质日期	2015-05-04
质押解除日期	

(b) 反面

图1-3　电子银行承兑汇票的正反面①

（2）本票：指一项书面的无条件的支付承诺，由支付方交给收款方，经制票人签名承诺，即期或在可以确定的将来时间，支付一定数目的金钱给一个特定的人或其指定人或来人，见表1.3。

（3）支票：指以银行为付款人的即期汇票，可以看作汇票的特例，见表1.3。支票出票人签发的支票金额，不得超出其在付款人处的存款金额。

（二）票据的起源

1. 我国票据的起源

（1）我国汇票的起源。

我国票据的起源可以追溯到唐代。我国在唐代出现了一种名为"飞钱"的票券（见图1-4），多数学者们认为"飞钱"是我国现代汇票的起源。唐宪宗（公元806年—820年）时期，上至皇室下至平民百姓都时兴饮茶、论茶、吟茶，茶叶贸易繁盛，由此带来频繁的茶商交易，但有两个问题一直得不到解决：一是交通不便；二是贸易沿途治安不好，携带款项交易困难。为了避免钱财损失，茶商们创制了"飞钱"。需要前往外地交易的商人在京城长安（今西安）把现金支付给地方驻京的进奏院及各军各使等机关，或者在各地方设有联号的富商，由他们发给半联票券，另半联票券则及时送往有关的院、号，持券的商人到目的地时，凭半联票券与地方的有关院、号进行"合券"，然后支取现金进行交易。不过，"飞钱"只能被认作是一种运输、支取现金的工具，而不是通用的货币。

---

① 图片来源：《电子银行承兑汇票　质押借款》https://www.clbao.cn。

表1.1　银行汇票的特点

种类	特点	出票人	收款人	付款人	提示付款期限	绝对记载事项	相对记载事项	背书	承兑	保证	付款	追索权
银行汇票	①票随人走，钱货两清。票随开票，银行随货单位购货单位随购货给验票，银行单位发货见票付款。②信用度高，银行安全可靠，凭证支付。银行汇票一旦流失，可通过法院申请公示催告的方式予以挂失，办理申请公示催告的方式予以补救	签发行	收款人或持票人	出票行，即签发行	①见票即付（法定提示付款期限为出票日起1个月）；②定日付款（法定提示付款期限为自汇票到日起10日）；③见票后定期付款（同②）；④出票后定期付款（同②）	7项，缺1不可。①表明"汇票"的字样；②无条件支付的委托（如附条件，则汇票无效）；③确定的金额；④付款人名称；⑤收款人名称；⑥出票日期；⑦出票人签章	3项，不影响汇票本身的效力，可通过法律的直接规定来补充确定。①付款日期（如汇票上未记载付款日期的，视为见票即付）；②付款地（营业场所、住所或经常居住地）；③出票地（营业场所、住所或经常居住地）	背书是付款持票人以转让票据权利为目的，按照法定方式在汇票背书上记载有关事项和签章的一种票据行为。背书未记载日期的，视为在汇票到期日前背书。背书人在汇票背书时必须签章	承兑是汇票付款人承诺在汇票到期日支付汇票金额的票据行为。提示承兑：①定日付款或出票后定期付款的汇票，持票人应当在汇票到期日前向付款人提示承兑；②见票后定期付款的汇票，持票人应自出票日起1个月内向付款人提示承兑；③见票即付的汇票无需提示承兑。承兑应记载的事项应记载于汇票正面	保证是票据债务人以外的第三人担保汇票债务人履行债务而在票据上所作的一种附属票据行为。保证绝对记载事项：①表明"保证"字样；②保证人签章。保证相对记载事项：①保证人名称和住所；②被保证人的名称；③保证日期（如未记载出票日期，保证日期不得为部分保证	付款是付款人依据票据文义支付票据金额，消灭票据关系的行为。付款人依法足额付款后，全体汇票债务人的责任解除，票据关系随之消灭	追索权是持票人在票据到期不获付款或承兑时或其他法定原因出现时，向其前手请求偿还票据金额及其他法定款项的一种权利。追索权发生的实质条件：①汇票到期被拒绝付款；②汇票在到期日前被拒绝承兑；③汇票付款人或承兑人死亡、逃匿的；④承兑人或付款人被依法宣告破产或因违法被责令终止业务活动。形式条件：①法定提示承兑或提示付款期限内未获承兑或不获付款；②在票据提示承兑或提示付款时，被拒绝承兑或拒绝付款，在法定期限内做成拒绝证明

表 1.2　银行承兑汇票和商业承兑汇票

种类	定义	特点	出票人	收款人	付款人	承兑人	付款期限	提示付款期限	绝对记载事项	相对记载事项	背书	承兑	保证	付款	追索权
银行承兑汇票	由在承兑银行开立存款账户的存款人出票，向开户银行申请并经银行审查同意承兑的，在指定日期无条件支付确定的金额给收款人或持票人的票据。对出票人签发的商业汇票进行承兑是银行基于对出票人资信的认可而给予的信用支持	①必须具有真实的交易关系或债权债务关系。②使用此票据的对象限于在银行开立账户的法人、个体工商户、农村承包经营户、个人等非法人组织或组织使用商业汇票。③未到期的商业汇票可办理贴现。持票人可凭未到期的商业汇票，向银行申请贴现，获取现金，但银行要扣除贴现利息	承兑申请人	收款人、持票人，与出票人签订购销合同的卖方	承兑行，即承兑申请人的开户行	承兑行，即承兑申请人的开户行	最长为6个月（目前的电子汇兑承兑票最长为1年）	见"银行汇票"							
商业承兑汇票	由银行以外的付款人承兑。商业承兑汇票按交易双方约定，由销货企业签发或由购货企业签发，但由购货企业承兑		收款人（卖方）	卖方	买方的开户行	买方									
			付款人（买方）		买方	买方									

表 1.3 本票和支票

种类	特点	出票人	收款人	付款人	付款期限	提示付款期限	绝对记载事项	相对记载事项	背书	承兑	保证	付款	追索权
本票	①见票即付。银行接到本票，审核无误后即时将银行客户资金转入客户账户或为客户提取现金均为付款人（付款人均为个人）。②安全可靠。银行本票由银行保证支付。银行本票同时系统内部采用了加密手段，增加了票据的防伪功能。③提示付款期限长。银行本票提示付款期限为出票日起1个月	银行	收款人或持票人	银行	自出票日起最长为2个月	见票即付	①表明"本票"字样；②无条件支付的承诺；③确定的金额；④收款人名称；⑤出票日期；⑥出票人签章	①付款地；②出票地	除本票作特别规定的和承兑汇票事项，其余票据行为适用汇票相关事项				
支票	①签发方便。支票由企业直接签发，无须到银行柜台办理，使用非常常便。②支付不保证。供货方必须待资金入账，而不能仅凭支票发货	银行或其他金融机构	收款人	银行或其他金融机构	自出票日起最长为10天	见票即付	①表明"支票"字样；②无条件支付的承诺；③确定的金额；④付款人名称；⑤出票日期；⑥出票人签章。支票金额（由收款人补记）和收款人名称可授权补记	①付款地；②出票地	除支票作特别规定的和承兑、保证事项，其余票据行为适用汇票相关规定				

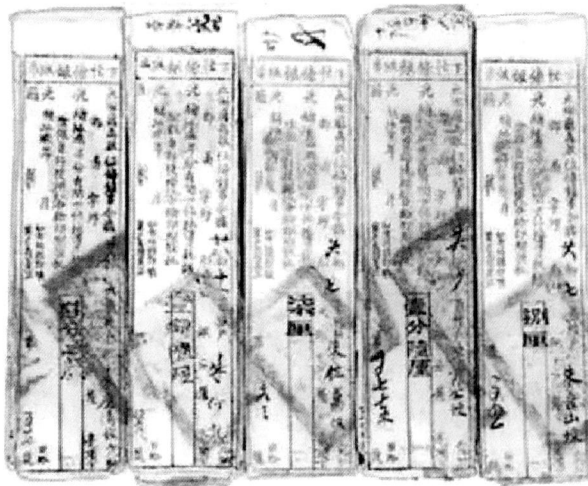

【飞钱】唐代

图 1-4　飞钱①

到了宋太祖开宝三年（公元 970 年），当时的官府专门设立了官号"便钱务"。需要携带钱款的商人先向"便钱务"纳付现金，请求发给"便钱"；而后商人持"便钱"到目的地再向地方官府提示付款。目的地地方官府必须当日付款，不得停滞。这种"便钱"类似于现代的'见票即付'的汇票。

（2）我国支票的起源。

在我国唐代后期，出现过一种叫"帖"的票券，有学者认为，"帖"应为我国支票的起源。宋代《太平御览》中记载了一个唐朝故事：一个书生向炼铁的尉迟敬德乞求银钱。尉迟敬德让书生写了一张字条"钱付某乙五百贯"，自己在字条上签上日期和署名。书生拿着这个"帖子"到了库房，保管者看到"帖子"，就将五百贯的银钱交给书生。这种帖子的使用流程与现代的支票相类似，发票人先将金钱存入金甲人（类似于银行）处，由金甲人按发票人所出之帖向持帖的人支付，是一种无条件支付的命令。但帖子在当时并非普遍的存在，而是一种偶然的支付行为。

（3）我国本票的起源。

同样是为了异地交易，北宋真宗年间，蜀地（今四川）出现了"交子"（见图 1-5）。北宋初年，四川成都出现了为不便携带巨款的商人经营现金保管业务的"交子铺户"。存款人把现金交付给铺户，铺户把存款数额填写在用楮纸制作的纸卷上，再交还存款人，并收取一定保管费。这种临时填写存款金额的楮纸券便谓之"交子"。随着市场经济的发展，"交子"的使用也越来越广泛，许多商人联合成立专营发行和兑换"交子"的"交子"铺，并在各地设分铺。由于铺户恪守信用，随到随取，"交子"逐渐赢得了很高的信誉。商人之间的大额交易，为了避免铸币搬运的麻烦，也越来越多地直接用"交子"来支付货款。

---

① 图片来源：《票据起源　听票据人讲票据发展的故事》https://www.sohu.com。

到了宋仁宗天圣元年（公元 1023 年），官府专门设立"交子务"办理此事，发行"官交子"。从交易特点来看，"交子"与现代的本票相似。

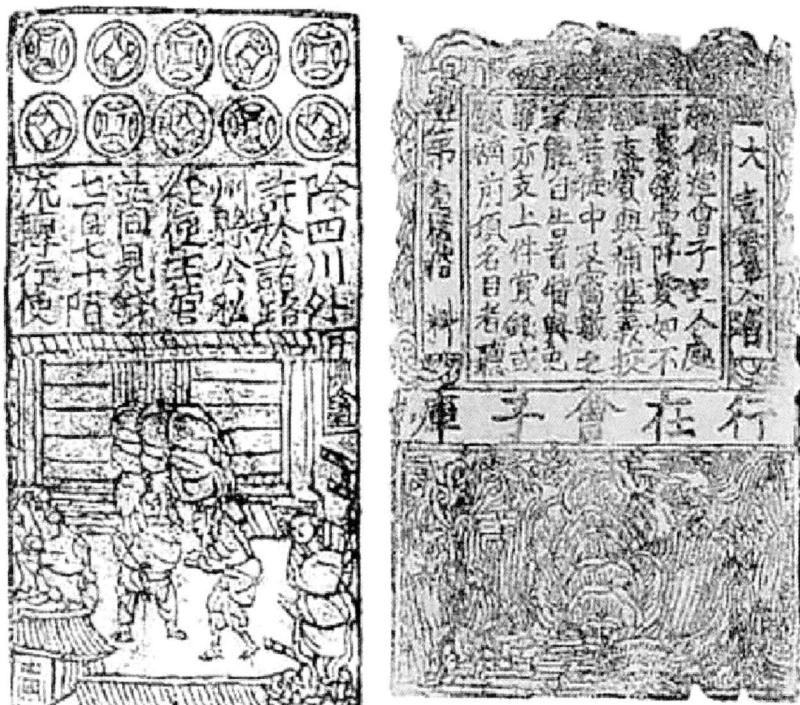

图 1-5 交子①

2. 我国票据的发展

明朝末年（公元 17 世纪），晋商兴起。晋商经营盐业、票号等，尤其以"票号"最为出名。山西商人设立"票号"（又叫票庄、汇兑庄），并在各地设立分号，经营汇兑业务以及存放款业务。名为汇券、汇兑票、汇条、庄票、期票等的金钱票券大为流行，票号逐渐演变为"钱庄"，19 世纪中叶进入盛期。票号签发的这些票券，类似于现代的汇票和本票。

清朝末年，西方银行业进入我国，钱庄逐渐衰落。我国固有的票据规则终被外来票据制度取代。

1929 年，国民政府制定票据法，规定票据为汇票、本票和支票，与西方国家票据制度接轨，我国原有的各种票据遂被淘汰。

中华人民共和国成立后，曾一度限制票据的使用，当时规定：汇票、本票在国内不得使用，汇票仅限国际贸易中使用，个人不得使用支票，企业与其他单位使用以转账支票为主。

20 世纪 80 年代，随着改革开放深入到各个方面，票据在我国逐渐开始大规模使用。

---

① 图片来源：《宋朝版〈人民的名义〉，反腐工作轻松吗？》https://www.sohu.com。

目前，我国使用的《票据法》（1995 年颁布）和《支付结算办法》（1997 年颁布）规定的票据基本上与国际通行的票据一致，我国的票据使用和发展也进入了一个崭新的阶段。

3. 西方票据的历史①

（1）西方汇票的起源。

汇票被认为是西方金融市场的起源。不论是从时间还是意义上看，汇票的影响都是全方位的。汇票在西方远程贸易体系发展、世界市场的形成、社会分工的精细化三个方面发挥了重要的基础作用。如果没有汇票，远程贸易、世界市场、社会分工就无从谈起，整个资本主义制度就无法建立。

说起西方汇票的起源，还要从第一次东征谈起。1095 年，罗马教皇乌尔班二世发起东征，准备收复被塞尔柱突厥人占领的圣地耶路撒冷。当时的流通货币主要是金银币，军队的军饷也大多以金银币支付，如此远距离的军事行动，在当时的交通运输条件下，军饷的运输成为一个难题。

从陆路运送军饷（包括其他军事物质），就必须途经土耳其。土耳其此时已被塞尔柱突厥人占领，塞尔柱突厥人信奉伊斯兰教，理所当然地不会让"敌人"顺利通过，因此从陆路运送军饷是不可行的。

走海路倒是可以避免塞尔柱突厥人的袭击，但地中海每年 10 月到来年 3 月的秋冬季，风急浪高，还经常有海盗出没，海难和海盗对海路运送军饷产生巨大威胁。

正在罗马教皇一筹莫展之际，圣殿骑士团（见图 1-6）站出来说能够为教皇解决运送军饷的问题。当年的圣殿骑士团可是一支颇具实力的军事力量，它于公元 1118 年在耶路撒冷圣殿山附近成立，教皇给了他们大量的优惠政策：既不向国王缴税也不用向教皇缴税，以鼓励他们在前线冲锋陷阵。

图 1-6　圣殿骑士团②

① 宋鸿兵. 西方的金融市场的起源：汇票 [EB/OL]. https://www.sohu.com/a/155009064_367052.
② 图片来源：宋鸿兵：《西方的金融市场的起源：汇票》https://www.sohu.com。

圣殿骑士团的分支遍布欧洲大陆和地中海的很多岛屿。在东征的两百多年间，圣殿骑士团通过贸易赚取了大量的财富。这些财富的积累，促使他们有能力开展土地兼并和资产收购，甚至还有实力从事金融业务等。经过不断的发展壮大，他们逐步建立了独立的军队、警察、司法、财税体系，成为一支独立自主的力量，也成为世界第一个武装金融地产贸易复合体。

基于这些实力，罗马教皇相信通过圣殿骑士团去押运军饷很安全、稳妥。圣殿骑士团遍布各地的分支机构和强大的军事实力，使得押运军饷对他们而言只是一个转账的问题——它完全不需要每一次都用金银币进行交割，平时只需要进行账务记录，在需要的时候（通常是对差额部分），再用船只将金银币运送过去，大大地节约了成本，提高了效率。至此，圣殿骑士团实际上已经演变成一种远程汇兑体系的雏形：你在某地把钱交给它，它会给你开张票据，你拿着这张票据可以走遍欧洲各地，随时可以到当地的分支机构取出现金来，这张票据就类似于现在汇票，具备了汇票的基本功能。

这种"票据"是欧洲历史上第一次出现的纸质收据等同于金银币的现象。因为"纸"相较于金银的天然优势（体积小、重量轻、携带方便等），这种票据就逐步代替了金银币在市场中的主导地位而大量存在于经济生活中。人们日常的交易由原来的货币交易（金银币）逐渐演变成了信用（票据）交易。这是欧洲汇票体系的初级形态，也为中世纪欧洲带来了一场金融革命，很多国家都受到它的启发。

（2）西方汇票的普及发展。

一般而言，汇票的发展必须具备两个条件：一是必须有一个广泛的网络；二是必须是远程交易，如果距离不够远，现金交易就够了，汇票也就失去了存在的必要。因此正是国际商人的介入，交易变成跨国贸易，才促使了汇票的形成和发展。

如果说汇票是由圣殿骑士团最早发明和使用的，那么将汇票发扬光大的则是意大利商人。圣殿骑士团成员本质上还是封建领主，思想观念远不如真正的商人那么开放，他们赚钱是靠武装押运，赚来的利润又大多投到了土地购置上，土地变成了财富的象征，这种封建领主的思维方式限制了圣殿骑士团在商业领域的进一步发展。然而意大利商人则不一样，意大利商人在完成原始积累之后就投资工业和贸易，比如当年最为暴利的羊毛纺织业就是意大利商人所擅长的业务，然后他们将利润投入再生产，促使其经济实力越来越强大，并从客观上促进了银行业的进一步发展。

意大利商人于1200年到达法国香槟贸易集市（见图1-7）。当时的香槟集市上有很多外国商人，这些人中有些实力很强，一次就采购几船的货，这么大的交易用现金交易，不论是从便利性还是安全性的角度都是不可行的。这一问题被银行家发现并解决。银行家会给需要交易的商人们开立一张集市证书，商人们凭借这张集市证书再去采购货物，从本质上来说，这就是商业汇票的雏形。通常情况下，银行家在为商人开立集市证书的时候，会请集市上的两个官员进行见证，并在集市证书上载明金额、期限、归还的日期和地点等，同时还承诺守约。这个凭证还有另外两联，一联交给集市的官员保存，一联由银行家保存。

图1-7 法国香槟贸易集市①

当市场中所有摊位的卖家都认可这个集市凭证的时候，就形成了信用。买家给了凭证之后就可以提货走人了，卖货的商人收到集市凭证，他可以选择到期后拿着这个凭证找银行家兑换现金，也可以在需要现金的时候，按面值的一定折扣卖给其他人，这就是最初的贴现。

（3）西方本票、支票的发源。

本票起源于12世纪意大利兑换商发行的"兑换证书"。当时，意大利贸易极盛，商人云集，货币兑换十分普遍，兑换商行不仅从事即时的货币兑换业务，还兼营汇款。甲地兑换商收受商人货币后，向商人签发兑换证书，商人持此证书，向兑换商在乙地的分店或者代理店请求支付款项，支取乙地通用的货币。这种兑换证书，相当于现代的异地付款的本票，被认为是欧洲国家票据的起源。

支票最早产生于荷兰，17世纪时传到英国，19世纪中叶后，再由英国传至法国、德国，随后逐渐被世界各国采用。

至于现代票据制度，则形成于近代资本主义商品经济发达以后。

（三）票据的功能

1. 支付功能

票据在交易的时候可以代替现金用于支付。对于买方而言，用票据支付的好处在于不用携带现金、点钞验钞，既安全保险又省时省力。

---

① 图片来源：宋鸿兵：《西方金融体系进化史》https://www.sohu.com。

2. 汇兑功能

汇兑是汇款人委托银行将其款项支付给收款人的结算方式。如果交易双方所处地域不相同，那么上述票据支付功能的优点将会进一步扩大。远距离大额货币的运输或携带，自古就是费时费力且风险巨大的事情。如果买方只需要携带一张票据前往异地交易，并完成支付，那么货币携带产生的风险问题和成本问题就能迎刃而解。

3. 信用功能

通过票据的使用，付款方可以凭借自己的信誉，将未来一定额度的货币作为当前的货币来使用。例如，某银行客户 A 用 60 万保证金和一定的抵押资产拿到了 150 万半年期银行承兑汇票用于交易，对 A 来说，就有 90（150−60）万半年之后的资金在当前被使用了。

4. 结算功能

双方或多方的资金交易往来，最后只对差额进行支付。例如，两张相同到期日的票据，一张显示 A 公司欠 B 公司 20 万，另一张显示 B 公司欠 A 公司 90 万。那么在到期日，先对债务进行相互抵消，然后再由 B 公司支付差额 70（90−20）万给 A 公司进行结算。

5. 融资功能

当汇票持有人有资金需求时，可以在贴现市场将未到期汇票进行转让，受让人扣除贴现息后将票款付给出让人，这个过程称之为贴现。通过贴现，票据就具有了融通资金的功能。除此之外，商业银行还会通过票据的转贴现（商业银行将所持未到期的已贴现票据向其他商业银行或贴现机构进行贴现的行为）和再贴现（商业银行将所持未到期的已贴现票据向中央银行进行贴现的行为）来实现资金的融通或调度。

（四）法律法规、规章制度

1.《中华人民共和国票据法》

票据关系是因票据的签发、转让、承兑、保证等形成的以金钱利益为内容的财产关系。票据关系是财产关系，具有私法上财产关系的基本特点，理应受私法调整。然而，票据关系又具备私法上物权关系、一般债权关系没有的特点，难以用物权法、债权法加以规范。为了有效保障票据的使用和流通，保护票据关系当事人合法利益，促进经济发展，中国人民银行在总结实践经验、深入调查研究、广泛征求意见的基础上，起草了《中华人民共和国票据法（草案）》。草案于 1995 年 5 月 10 日第八届全国人民代表大会常务委员会第十三次会议获得通过。2004 年 8 月 28 日，第十届全国人民代表大会常务委员会第十一次会议通过了《关于修改〈中华人民共和国票据法〉的决定》，并于当日公布了修改后的《票据法》，施行日期即为公布日期。

《票据法》共 7 章 110 条，在结构上采取以票据种类为主体框架，以票据行为为主线，寓票据权利、义务于其中的结构方式。除总则、法律责任、涉外票据的法律适用和附则四章外，其他内容按票据种类分章，即汇票、本票、支票各为一章。《票据法》适用于在中华人民共和国境内的票据活动；出票、背书、承兑、保证、付款等行为之一发生在境外或者票据当事人一方为外国人的，作为涉外票据处理。

2.《电子商业汇票业务管理办法》

2009年，中国人民银行依据《中华人民共和国中国人民银行法》《中华人民共和国票据法》《中华人民共和国电子签名法》《中华人民共和国物权法》《票据管理实施办法》等有关法律法规，制定了《电子商业汇票业务管理办法》（以下简称《管理办法》）。

电子商业汇票是指出票人依托电子商业汇票系统，以数据电文形式制作的，委托付款人在指定日期无条件支付确定金额给收款人或者持票人的票据。电子商业汇票系统是经中国人民银行批准建立，依托网络和计算机技术，接收、存储、发送电子商业汇票数据电文，提供与电子商业汇票货币给付、资金清算行为相关服务的业务处理平台。其基本业务功能包括：与电子商业汇票有关的票据托管业务、票据信息接收及存储业务、转发电子商业汇票信息业务、更新电子商业汇票信息业务、资金清算业务、信息服务业务、商业汇票公开报价业务、纸质商业汇票登记查询业务。相比纸质汇票，电子商业汇票的使用在降低票据运作成本的同时，大大提升了票据业务的交易效率，同时彻底杜绝了克隆票和假票，杜绝了纸票流通过程中的一切风险。

中国人民银行出台的这套《管理办法》共6章86条，它界定了电子商业汇票业务的参与主体；规定了电子商业汇票业务的操作流程和票据当事人查询票据信息的内容和权限；明确了发生法律纠纷时，相关参与方的法律责任。《管理办法》为规范电子商业汇票业务，保障电子商业汇票活动中当事人的合法权益，促进电子商业汇票业务发展起到了关键性作用。

3.《商业汇票承兑、贴现与再贴现管理暂行办法》

1997年5月22日，中国人民银行发布了《商业汇票承兑、贴现与再贴现管理暂行办法》，对商业汇票的承兑、贴现、转贴现、再贴现等业务的参与方，业务的具体流程，相关法律责任进行了详细的规定和说明，为商业银行汇票业务的开展起到了指引性作用。

4.《票据管理实施办法》

《票据管理实施办法》于1997年6月23日经国务院批准，1997年8月21日由中国人民银行1997年第2号令发布，自1997年10月1日起施行。2010年12月29日，国务院第138次常务会议通过《国务院关于废止和修改部分行政法规的决定》，对该办法部分条款予以修正，于2011年1月8日中华人民共和国国务院令第588号发布施行。

该实施办法主要是对《票据法》进行补充说明和解释，并确定了中国人民银行是票据的管理部门，规定了银行汇票、银行本票、商业汇票、支票出票人的身份，以及作为票据出票人、持票人、保证人必须具备的条件。

5.《支付结算办法》

为了贯彻实施《中华人民共和国票据法》和国务院批准的《票据管理实施办法》，维护支付结算秩序，促进社会主义市场经济的发展，中国人民银行于 1997 年 9 月 19 日发布了《支付结算办法》（以下简称《办法》）。《办法》自 1997 年 12 月 1 日起施行，同时废止了 1988 年 12 月 19 日印发的《银行结算办法》。《办法》主要涉及单位或个人在社会经济活动中使用票据、信用卡和汇兑、托收承付、委托收款等结算方式进行货币给付及其资金清算行为时，银行作为支付结算和资金清算的中介机构，要准确、及时、安全地办理支付结算，要按照有关法律、行政法规和本办法的规定管理支付结算，以保障支付结算活动的正常进行。

6.《关于加强银行承兑汇票业务监管的通知》

随着市场的发展壮大，票据的功能逐渐从传统的支付结算工具演化为融资、交易和投资的工具，也因功能的升级和交易规模的扩大，银行承兑汇票业务快速增长，随之而来的票据业务风险隐患逐渐积累，票据相关案件时有发生。为了让商业银行能更有效地防范票据业务风险，实现合规经营，中国银监会办公厅于 2012 年 10 月 8 日下发了《关于加强银行承兑汇票业务监管的通知》（以下简称《通知》）。

《通知》要求银行业各金融机构要高度重视银行承兑汇票业务风险，审慎发展银行承兑汇票业务，对银行承兑汇票业务实施统一授信管理、统一授权管理、保证金统一管理、交易资金账户统一管理；要求各级监管部门严肃查处银行承兑汇票业务中的违法违规行为，视情况采取暂停市场准入、暂停票据业务等监管措施。对管理不力、屡查屡犯的，除对直接责任人进行严肃问责外，还要追究有关领导责任，涉嫌犯罪的，及时移送司法机关。

7.《关于规范和促进电子商业汇票业务发展的通知》

2016 年 9 月 7 日，中国人民银行下发了《关于规范和促进电子商业汇票业务发展的通知》（银发〔2016〕224 号，下称"银发 224 号文"），对电子商业汇票的交易主体、业务操作和市场监管等进行了明确的规定。该通知将"增强商业信用，发展电子商业承兑汇票"作为促进电票发展、提高电票服务水平的一个重要手段，并鼓励资信状况良好、产供销关系稳定的企业签发、收受和转让电子商业承兑汇票，这为企业通过电子商业承兑汇票实现支付结算和融资方式的创新提供了政策支持，有利于票据市场的健康发展。此外，"银发 224 号文"还要求商业银行创新票据业务的产品功能和服务模式，积极支持企业通过自身信用提高交易效率、降低交易成本。

（五）票据业务的生命周期

票据业务的生命周期是指票据从签发出票至到期日完成兑付的这一段时期，期间票据有可能会经历多个环节。从票据的生命周期来看，通常情况下，支票的存续期最短，汇票的存续期最长。下面我们主要以汇票为例，介绍票据的几个特殊环节。

1. 汇票承兑

所谓承兑，展开来说，就是承诺兑付，是付款人在汇票上签章表示承诺将来在汇票到期时承担付款义务的一种行为。对于商业银行来说，承兑业务（acceptance business）就是银行接收商业汇票债务方客户的申请，为其承兑商业汇票。其实质是商业银行对客户签发的商业票据做出的付款承诺。

当交易的付款方自身（相对银行而言）信用不足，需要银行信用支持，就可以向开户行申请办理票据承兑。经过开户行承兑的商业汇票就具有了银行信用保证，这样的票据更能被市场接受，流通范围更广，变现能力更强。对于申请承兑的企业来说，持有这类票据可以大幅减少当期的资金需求；同时，由于申请承兑只需要支付很少的费用（相较于短期借款利息），企业的资金使用成本也减少了。对于商业银行而言，给企业提供了信用，承诺到期兑付，应该在办理承兑业务时收取一定的对价（担保费）来保护未来的支付义务。最后需要说明的是，票据承兑是商业银行的表外业务。

根据保证金的比例大小，我们把银行承兑汇票业务分为不占用授信敞口业务和占用授信敞口业务。其中，前者是指100%保证金的汇票承兑，即申请人按汇票金额提供保证金，或是提供国债等其他有价证券等方式来进行足额担保。例如，甲公司申请开立500万元的银行承兑汇票，便要存入500万元作为保证金。对于甲公司而言，这张汇票开立的作用就是延迟付款，可以获得500万在汇票到期日之前的利息收入。后者是指保证金比例小于1的汇票承兑，即申请人所存入的保证金与汇票金额存在一定的差额。例如，某客户申请开立300万元的银行承兑汇票，只需要存入120万元作为保证金，那么保证金比例就是40%，剩下的180万元就是占用授信敞口。因为要占用授信，所以客户在申请承兑之前，先要向银行申请授信。票据承兑对于票据各方的利益见表1.4。

表1.4　汇票承兑业务中的各方利益[1]

出票人（买方）	降低财务费用	成本低廉：0~0.5‰；信用支持：资金融通、延期支付；
	提高资金使用效率	期限灵活：根据贸易结算需要设定保证金存款；增加利息收入
收票人（卖方）	安全性高	银行信用：资金回款有保障；可背书转让、质押和贴现，贴现利率较低
	流动性强	
承兑人（银行方）	综合服务客户	重要授信产品；增加收入：保证金存款、手续费（0~0.5‰）、承兑费（0~0.5‰）
	增加银行收益	

2. 背书转让环节

背书转让的实质是持票人用票付款，将票据转让给交易的收款方，汇票在交易过程

---

① 中国邮政储蓄银行广东省分行托管业务部. 票据业务专题研究［EB/OL］. https://wenku. baidu. com/view/a06772a5e43a580216fc700abb68a98271feacce. html.

中充当了"介质"。正是因为汇票的这种"介质"特性，根据法律规定，持票人以汇票作为支付介质时，应在汇票上签章并作必要的记载所作的一种附属票据行为，这就是背书行为。

《票据法》规定：票据的签发、取得和转让，应当遵循诚实信用的原则，具有真实的交易关系和债权债务关系。

3. 票据贴现环节[①]

汇票可以在商品、服务交易过程充当"介质"，确切地说就是一种支付手段。持票人持有票据后，既可以直接发挥票据的"介质"功能，将其直接背书转让给交易对手，也可将其转化成现金，再以现金作为支付"介质"，支付给交易对手，汇票转化为现金的过程被称为贴现。狭义的贴现是指承兑汇票的持票人在汇票到期日前，为了取得资金，贴付一定利息将票据权利转让给银行的票据行为，是持票人向银行融通资金的一种方式。广义的贴现行为还包括向非银行金融机构（如财务公司）和其他符合法律法规规定的主体申请将汇票转化为现金的行为。

中国人民银行于1997年颁布的《商业汇票承兑、贴现与再贴现管理暂行办法》规定：贴现是指商业汇票的持票人在汇票到期日前，为了取得资金贴付一定利息将票据权利转让给金融机构的票据行为，是金融机构向持票人融通资金的一种方式。

从性质来看，贴现是金融机构的的一项重要资产业务，汇票的支付义务人对银行负债，贴现金融机构实际上与付款人是一种间接贷款关系。与银行的另一项重要资产业务——贷款相比，贴现的主要核查点是确认票据的真实性和贸易背景的真实性，因此其最大优势在于申办手续相较贷款简便，办理周期短，一般不需占用企业授信，且贴现利率通常会低于贷款利率。

随着金融创新的不断推进，贴现产品也不断地推陈出新，当前贴现及其创新业务主要包括以下几方面内容。

（1）商业承兑汇票保贴：是指对特定承兑人承兑的商业承兑汇票或对特定贴现申请人持有的商业承兑汇票，金融机构承诺在授信额度和一定期限内以商定的贴现利率予以贴现。

（2）票据贴现回购业务：是指当卖方企业（持票人）临时资金短缺时，持未到期票据到银行办理贴现业务，票据贴现后至到期日前，当客户资金充足时可按与银行约定归还票面金额，赎回票据。企业贴现回购分为定期回购和不定期回购。

（3）买（卖）方付息票据贴现：即贴现利息由买（卖）方支付的票据贴现行为。贴现申请人持未到期的商业汇票向商业银行申请办理贴现时，贴现利息由商业银行直接从拟支付给贴现申请人的贴现款项中一次性扣收。

---

① 中国邮政储蓄银行广东省分行托管业务部. 票据业务专题研究 ［EB/OL］. https://wenku. baidu. com/view/a06772a5e43a580216fc700abb68a98271feacce. html.

4. 转贴现和再贴现

如果说贴现是企业的一种融资行为，那么转贴现和再贴现则是金融机构的一种融资行为。转贴现是指金融机构（通常是商业银行）在资金临时不足时，将已经贴现但仍未到期的票据，交给其他商业银行或贴现机构给予贴现，以取得资金融通。如果买入银行是中国人民银行的分支机构，则称为再贴现，以区分商业银行之间的转贴现。以双方交易协议中是否约定有买断或回购条款，转贴现可以作如下分类：

（1）转贴现分为转贴现买入和转贴现卖出。

①转贴现买入分为买断和买入返售。

买断业务是指转贴现行买入经持票人背书转让的已贴现尚未到期商业汇票的业务。

买入返售业务是指转贴现行对持票人持有的已贴现尚未到期的商业汇票实施限时购买，持票人按约定的时间、价格和方式将商业汇票赎回的业务。

②转贴现卖出分为卖断和卖出回购。

卖断业务是指转贴现行向其他金融机构背书转让已贴现尚未到期商业汇票的业务。

卖出回购业务是指转贴现行将持有的已贴现尚未到期的商业汇票依约定方式和价格向其他金融机构限时转让，并按约定的时间、价格和方式将商业汇票赎回的业务。

（2）商业汇票再贴现分为卖断式再贴现和回购式再贴现。

卖断式再贴现是指金融机构将所持有的已贴现或转贴现票据，以改变票据权利人的方式出售给中国人民银行，不约定日后赎回的交易方式。

回购式再贴现是指金融机构将所持有的已贴现或转贴现票据，以不改变票据权利人的方式出售给中国人民银行，约定日后赎回的交易方式。

5. 其他创新业务①

票据业务的生命周期不是一成不变的，它会随着产品创新和监管政策而不断变化，正常情况下，通过一些业务或操作手法上的创新，票据业务的生命周期会越来越长。贴现业务创新有其存在的必然性及必要性：一是传统的银票承兑、贴现业务模式难以满足各类经济主体不断产生的新需求；二是由于转贴现、回购的多种变种产生的大量交易量，直接带动了承兑、贴现交易量的上升，为各参与主体带来大量经济利益；三是作为贴现市场最重要的主体——银行，可以利用转贴现、回购业务完成大宗资产配置，实际赚取的是信贷业务收入的资产业务或中间业务收入。

一些创新金融模式涉及交易环节众多，参与主体多样，法律关系复杂，以致部分业务模式看起来"晦涩难懂"。下面简略介绍几种当前常见的贴现业务创新操作模式。

（1）票据代持。

由于我国货币政策和金融监管体系有待完善，监管机构通常对商业银行进行"窗口

---

① 金融监管政策研究院. 详解票据业务的几种模式及监管逻辑［EB/OL］. https://www.360doc.com/content/16/0212/22/29835574_534174274.shtml.

指导"，即为各家银行核定贷款规模实现货币政策和宏观调控意图。票据代持业务推出的最初目的是银行为了规避信贷规模管控对业务量的限制。票据代持本质上是买卖信贷规模的行为。

票据代持指银行 A 在某一时间卖断票据给银行 B，并口头约定在未来某一时间将票据从银行 B 买回的行为。票据代持的特点：即期和远期进行的都是买断式操作，双方签订的也是标准的买断式合同，但远期买回一般是口头约定，当银行 A 在资金和信贷规模都允许的情况下，一般就会发起买回交易，这不同于标准的卖出回购交易，因为标准的卖出回购交易的远期赎回是刚性的。

票据代持的票据有随交易转移的，也有不转移的，这需要看双方的熟悉程度和交易目的。如果双方比较熟悉，有可能票据就不转移，但有可能会签订一份票据代保管协议，由银行 B 委托银行 A 在代持期间代保管票据。有些无论双方熟悉程度如何，都没法转移，比如一批快要到期的票据，银行 A 发出委托收款，但就这剩下的几天时间急需信贷规模，那么它就会委托银行 B 代持，但票据显然不转移，因为它已经在前往承兑行的路上。

票据代持的目的一般是银行用来暂时消减信贷规模，有些是调节报表数据，有些是因为某些短期的高收益业务需要占用信贷规模。因为票据代持的远期赎回是口头承诺，并不是刚性的，所以不能按照会计准则的要求把它计为标准的卖出回购业务。但这种业务明显是违规的，其主要原因：票据代持的卖出和买回交易都是不作转让背书的（为了避免循环背书），这违反了央行文件《支付结算办法》关于银行间票据转让必须作转让背书的规定。

从对银行 A 及银行 B 的影响来看，对于银行 A，其实是潜在的加杠杆，因为虽然银行 A 远期赎回在法律层面并非刚性，但是其有赖于双方的信任，一般都是要赎回的，其实也就和卖出回购交易类似，而卖出回购便是加杠杆。此外，银行 A 也因票据代持承担一定的流动性风险和声誉风险；对于银行 B，如果它在代持期间持有票据，那么是没有风险的，至少本金不会损失，也能赚取一定的利息，即使最后银行 A 没有赎回，本金和利息也都完整地赚到了。如果它在代持期间不持有票据，那么它就有一定的风险，假设银行 A 不赎回，银行 B 就没法在票据到期的时候发起委托收款，这时就得走司法程序了。

总体来说，这是依赖于双方之间互相信任的业务，但也存在一定风险。有的银行会认为这种业务其实没有什么，毕竟银行 A 卖出的时候消减了信贷规模，但银行 B 买入的时候会计入信贷规模，从总体上看，银行体系发放的信贷规模是不变的。但从微观结构上来看，银行 A 相当于逃避了信贷责任。央行的信贷规模调控，无论是对于银行体系还是单家银行都提出了要求，整体和结构一样重要。

（2）票据的买加回交易。

这是继票据代持之后发展出来的更高级别的形式，这种形式大体有 3 类变种，但表现形式都是即期卖断＋即期买入返售＋远期买断。

先来分析一下票据代持的缺点，再来理解这种模式就清晰了。票据代持有两个明显的缺点：一是银行A虽然消减了信贷规模，但是却损失了票据资产的利息，如果是在报表时点消减信贷规模，卖出票据的资金无法及时配置出去就很可惜；二是银行B代持银行A票据，代持期间也是需要占用信贷规模的，银行A可能也很难找到银行B来替它代持，或者代持的代价比较高，银行A觉得不合算。那么有没有更好的方法，使用银行A只需稍微付出代价，便能既消减信贷规模，也能享受票据资产带来的稳定的安全的利息。于是这种模式便产生了。

银行A设法将持有的票据从贴现或转贴现持有的形式变成买入返售形式持有，所以银行A先卖出票据，同天再买入返售同一批票据，在返售到期日再买回票据自己托收（实际上也有自己不托收的，所以远期买断这一步并非一定有），那么对于银行A来说，它的目的就达到了。

银行A为了这样做，需要一种机构做它的通道，以帮它完成票据持有形式的转化。最开始的通道是农信社等金融机构。银行A将票据卖断给农信社B，同一天再从农信社B买入返售同批票据，返售到期日买回票据托收。这种情况下，对农信社B来说，先是买断票据，同一天卖出回购，远期再卖断，农信社B之前将会计记账时卖出回购票据出表，所以也不占用它的信贷规模，它主要赚取买断和卖出回购之间的微薄利差。这种模式2011年被银监会叫停之后，但并未消停（具体参见本书后面有关票据业务监管政策梳理），还是有农信社这么做，但农信社也忌惮这种模式，因为交易痕迹会留在银行A的业务台账上，所以就有了升级版，也就是代理回购模式。

银行A将票据卖断给银行B，银行B不是农信社，银行B同一天将票据卖断给农信社C，B再于同一天代理C将票据卖出回购给A，A在远期买回票据托收。从A来看，它一直和B做交易，A的业务台账上只有B，没有农信社，看起来农信社安全了，被隐匿掉了。

上述两种模式中，从卖断到买入返售，再到远期买断，均没有完整背书，从票据背书上也看不出流转的过程。

虽然第二种模式相对高级，但是农信社等金融机构还是担心的，于是更安全的模式又出现了。这一次银行B直接将票据卖给SPV（比如基金子公司成立的资管计划），然后代理该SPV同一天将票据卖出回购给银行A，A再远期买回托收。这种模式就隐藏得更深了。

应该说，代持模式和买加回模式是基本模式。为了增加收益，会进行期限错配、加杠杆。具体有以下两种模式：

一是长期限买入返售＋即期短期限卖出回购。其原理比较简单：首先是长期限利率大于短期限利率；其次是卖出回购套回的资金还能配置其他资产，当然配置后银行还可以继续加杠杆卖出回购。但是这里面也有一些策略上的不同，某些策略上，银行需要承担一定的市场风险。

当然，这种模式的做法存在一定的合规问题。银行买入返售票据时，在与交易方签订的票据回购合同中（一般市场上都是使用标准的回购式转贴现合同，相应地，也存在标准的买断式转贴现合同），明确规定逆回购期间，银行应妥善保管票据，那么似乎再把票据卖出回购出去，不太合理。因此，这种模式如若要合规开展，需要对回购交易做出进一步分类，分为买断式回购转贴现和质押式回购转贴现。对于买断式回购转贴现，逆回购期间，再卖出回购就没有问题了。

二是短期限背对背地进行买入返售操作。在买加回模式上，银行 A 确保其持有的票据以买入返售票据的形式录入它的资产负债表内，那么它自然就会想到用短期限成本资金配置长期限的买入返售票据资产了。表现为一段时间内，银行会背对背地续做多笔短期限的买入返售票据业务，这些业务的利率相同，一般比同时期同期限的业务利率要大一些，但是银行用以配置这些看似短期资产的资金却是真实的短期成本资金，这些资金一般从银行间市场（线上或线下）吸收来。这种期限错配是分支机构套总行的利，总行套同业的利，最终套的是中国人民银行的利。

三、业务场景及操作

A 银行卖断部分票据给 B 银行（其中 A 银行的信贷规模减少，B 银行赚取了利率收入同时信贷规模增加），同时 A 银行在通过逆回购（买回）B 银行的票据融出资金。

1. 业务受理

转贴现申请人应提供以下转贴现业务相关证明文件及资料：

（1）企业法人营业执照复印件。

（2）组织机构代码证复印件。

（3）金融机构营业许可证复印件。

（4）市场准入批文或上级行业务授权文件复印件。

（5）印鉴卡。

（6）法定代表人身份证复印件。

（7）经办人授权书或单位介绍信及身份证复印件。

（8）商业汇票转贴现合同和清单。

（9）转贴现凭证（加盖金融机构财务印鉴）。

（10）商业汇票原件及复印件。

（11）前手贴现凭证。

注：以上资料复印件均应加盖转贴现申请人单位公章。

2. 票据审查

（1）票面审查，票面要素须填写齐全（如出票人、收款人、账号、行名、行号等，且不得涂改）。

（2）背书审查，第一背书人必须与票据记载的收款人名称一致；背书章须加盖在背书栏中，背书必须连续。

3. 票据交易文件审查

（1）审查前手贴现凭证票号、金额、交易日期、贴现申请人等要素与实际交易是否一致。

（2）审查查询复查书填写是否完整，复印件上是否加盖交易客户的业务章。

（3）转贴现凭证是否盖章。

（4）转贴现合同要素是否填写完整，签字盖章是否齐全。

4. 票据交易文件审批

票据、跟单资料经过审查通过后，确定买入票据的金额、利率。

5. 资金划付

通知会计部门划款后，将票据入库保管。在资金划拨中，涉及两个公式：

$$转贴现天数＝汇票到期日－转贴现起息日＋异地增加天数$$
$$实付全额＝面值－面值×贴现率×天数/30$$

四、案例分析

关于银行票据，我们从张大婶的北方水饺铺说起。

张大婶的北方水饺由于用料实在、皮薄馅足，得到不少美食博主的推荐，其连锁店成为新晋网红，顾客每天排队，人手不够用。听说赵老板在卖"饺子机器人"，可以直接做各种馅儿的饺子，张大婶很感兴趣，于是决定买一个。可是赵老板的饺子机器人不但贵，一套要150万元，而且交货周期长，订货后要半年才能交货。张大婶和赵老板就付款时间和交货时间产生了分歧。张大婶说："我不可能半年前就付全款半年后再交货，这么多钱的利息也不少。"赵老板则说："你怎么保证半年后一定会付我钱呢？合同签完你破产了我也亏啊。"于是两人找到银行，银行可以提供金融服务来解决这个问题，其中之一就是商业票据。

张大婶抵押一定资产给银行，银行冻结45万元的保证金，然后给张大婶开出一张"银行承兑商业汇票"。所谓银行承兑，就是以银行信用承诺到期见票兑付。赵老板可以不相信张大婶到期无法付款，但是总会相信银行一定会付钱的。这样就以银行信用做担保，完成商业贸易背景下的远期支付。

关于票据的信用功能，张大婶用45万元保证金和一定的抵押资产拿到了150万元银行承兑汇票用于交易，对张大婶来说，就有115（150－45）万元半年之后的资金在当前被使用了。

关于授信，张大婶申请开立150万元的银行承兑汇票，只需要存入45万元作为保证金，那么保证金比例就是30%，剩下的105万元就是占用授信敞口。因为要占用授信，所以张大婶在申请承兑之前，要先向银行申请授信。

参考文献：

［1］中国邮政储蓄银行广东省分行托管业务部. 票据业务专题研究［EB/OL］. https://wenku. baidu. com/view/a06772a5e43a580216fc700abb68a98271feacce. html.

［2］MBA 智库百科——票据［EB/OL］. https://wiki. mbalib. com/wiki/票据.

［3］百度百科——商业票据［EB/OL］. https://baike. baidu. com/item/商业票据/7131742.

［4］百度百科——票据业务［EB/OL］. https://baike. baidu. com/item/票据业务/2913550.

［5］宋鸿兵. 西方的金融市场的起源：汇票［EB/OL］. https://www. sohu. com/a/155009064 _ 367052.

［6］宋鸿兵. 西方金融体系进化史［EB/OL］. https://www. sohu. com/a/153267031 _ 611168.

［7］金融监管政策研究院. 详解票据业务运行逻辑和演变历程——农行北分事件引发的思考［EB/OL］. https://www. 360doc. com/content/16/0126/00/21921317 _ 530576920. shtml.

［8］金融监管政策研究院. 详解票据业务的几种模式及监管逻辑［EB/OL］. https://www. 360doc. com/content/16/0212/22/29835574 _ 534174274. shtml.

第二章　银行汇票

一、实训目标

（1）掌握银行汇票的相关概念和流转过程。

（2）掌握银行汇票的填写方法和注意事项。

（3）掌握银行汇票的结清、退款和挂失操作。

二、实训知识

（一）银行汇票的概念与特点

1. 银行汇票的概念

银行汇票是出票银行签发的，由其在见票时按照实际结算金额无条件支付给收款人或持票人的票据。

2. 银行汇票结算的特点

（1）适用范围广。

（2）票随人走，钱货两清。

（3）信用度高，安全可靠。

（4）使用灵活，适应性强。

（5）结算准确，余款自动退回。

（二）银行汇票的样式与记载事项

1. 银行汇票的样式

银行汇票的样式如图 2-1～图 2-5 所示。

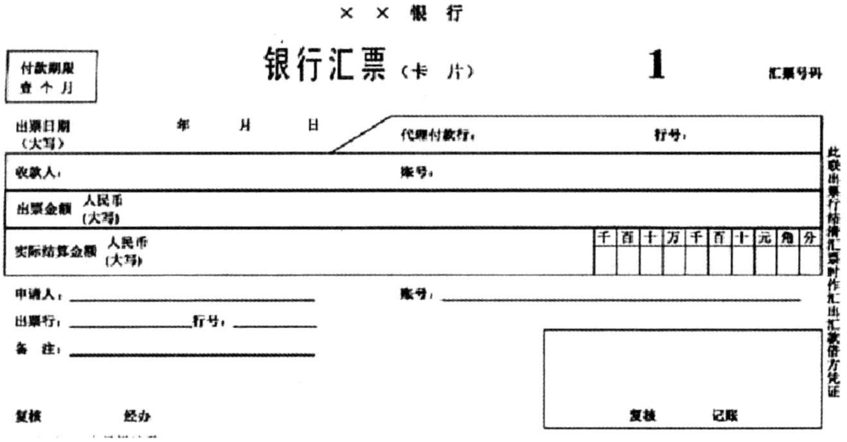

×　×　银　行

银行汇票（卡　片）　　**1**　　汇票号码

图 2-1　银行汇票第一联

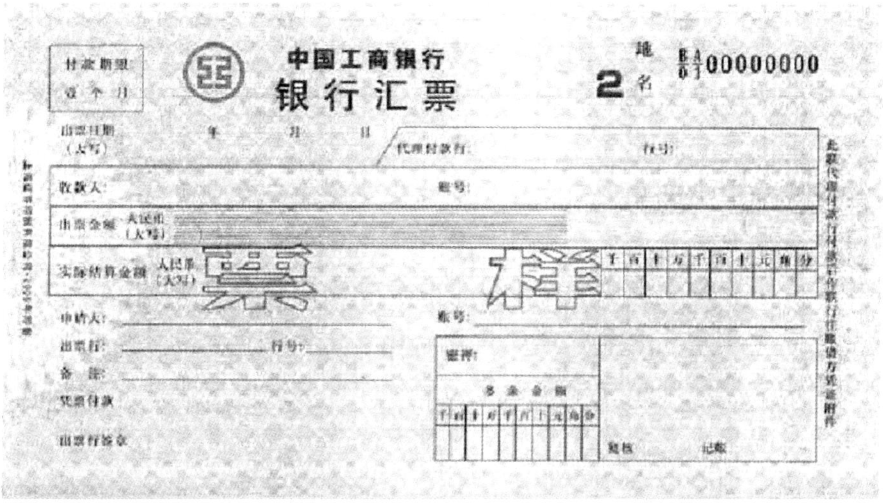

图 2-2　银行汇票第二联

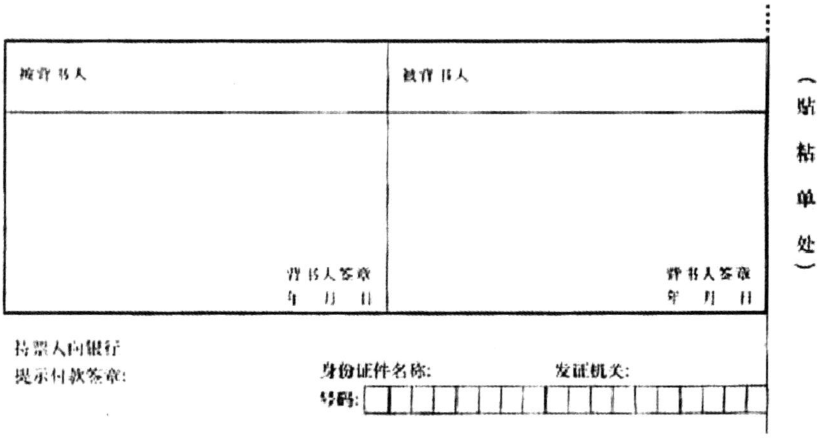

图 2-3　银行汇票第二联背面

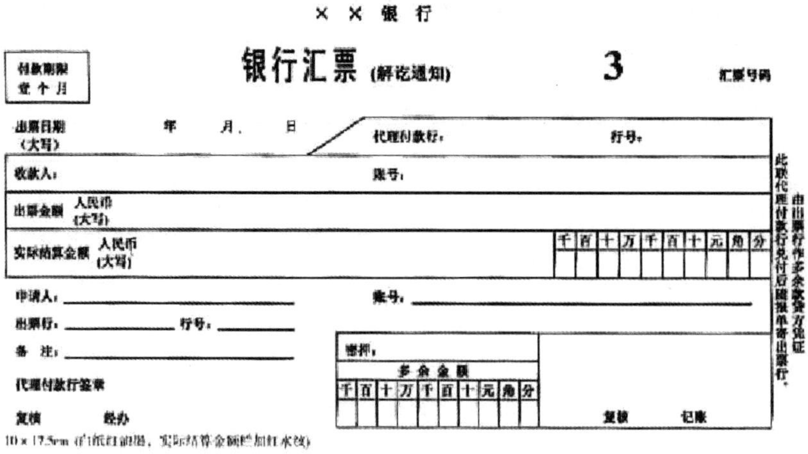
××银行

付款期限 壹个月

银行汇票（解讫通知） 3 汇票号码

出票日期（大写） 年 月 日 代理付款行： 行号：

收款人： 账号：

出票金额 人民币（大写）

实际结算金额 人民币（大写） 千 百 十 万 千 百 十 元 角 分

申请人： 账号：

出票行： 行号：

备 注：

代理付款行签章

复核 经办

密押：

多余金额 千 百 十 万 千 百 十 元 角 分

复核 记账

此联代理付款行付款后随报单寄出票行。由出票行作多余款贷方凭证

10×17.5cm（白纸红油墨，实际结算金额栏加红水纹）

图 2—4 银行汇票第三联

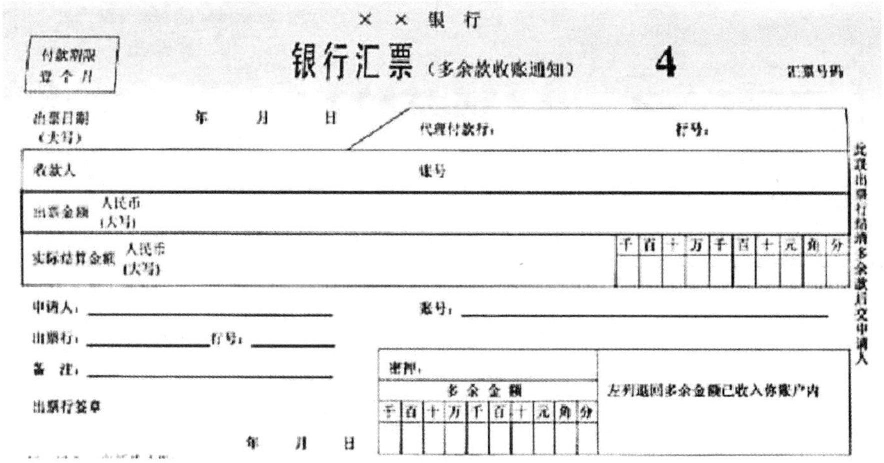
××银行

付款期限 壹个月

银行汇票（多余款收账通知） 4 汇票号码

出票日期（大写） 年 月 日 代理付款行： 行号：

收款人 账号

出票金额 人民币（大写）

实际结算金额 人民币（大写） 千 百 十 万 千 百 十 元 角 分

申请人： 账号：

出票行： 行号：

备 注：

出票行签章

年 月 日

密押：

多余金额 千 百 十 万 千 百 十 元 角 分

左列退回多余金额已收入你账户内

此联出票行结清多余款后交申请人

图 2—5 银行汇票第四联

2. 银行汇票的记载事项

根据《票据法》和《支付结算办法》的规定，签发银行汇票必须记载下列事项（见图 2—6）：

（1）表明“银行汇票”的字样。

（2）无条件支付的承诺。

（3）出票金额。

（4）付款人名称。

（5）收款人名称。

（6）出票日期。

（7）出票人签章。

未记载前款规定事项之一的，银行汇票无效。

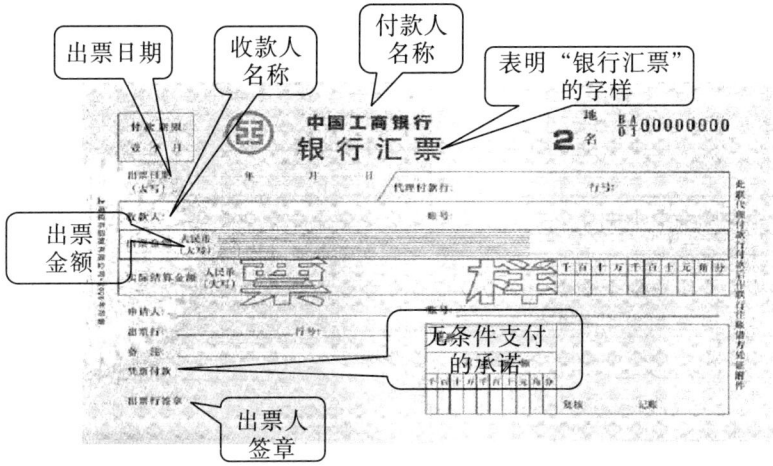

图 2-6　银行汇票记载事项

（三）银行汇票结算的相关规则

单位和个人各种款项结算，均可使用银行汇票。银行汇票可以用于转账，填明"现金"字样的银行汇票也可以用于支取现金。

银行汇票的出票和付款，全国范围限于中国人民银行和各商业银行参加"全国联行往来"的银行机构办理。银行汇票的代理付款人是代理本系统出票银行或跨系统签约银行审核支付汇票款项的银行。

银行汇票的提示付款期限自出票日起 1 个月。持票人超过付款期限提示付款的，代理付款人不予受理。

（四）银行汇票的当事人

1. 出票人

出票人是指签发汇票的银行。

2. 收款人

收款人是指从银行提取汇票所汇款项的单位或个人。收款人可以是汇款人本身，也可以是与汇款人有商品交易往来或汇款人要与之办理结算的人。

3. 付款人

付款人是指负责向收款人支付款项的银行。如果出票人和付款人属于同一个银行，如都是中国工商银行的分支机构，则出票人和付款人实际上为同一个人。如果出票人和付款人不属于同一个银行，而是两个不同银行的分支机构，则出票人和付款人为两个人。

（五）银行汇票的流转程序

银行汇票的流转程序如图 2—7 所示。

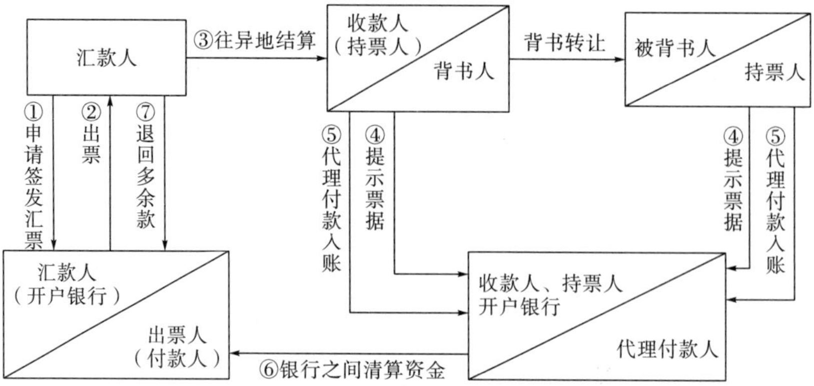

图 2—7　**银行汇票的流转程序**

三、业务场景及操作

（一）出票行签发银行汇票的操作

案例

2007 年 7 月，××红河公司需要购进一批钢材作为原材料，派采购员前往××蓝天公司进行业务洽谈。由于是异地结算，并且实际金额无法确定，因此××红河公司向其开户银行中国工商银行西城支行申请签发了一张金额为150 000 元的银行汇票，交采购员带往××蓝天公司。经过洽谈，××红河公司购买了价值为125 000 元的钢材，货物发出，××蓝天公司通过其开户银行中国工商银行白云支行结清了款项。通过银行汇票这种结算方式，圆满地完成了此次交易。

1. 申请人提出申请

汇票申请书如图 2—8~图 2—10 所示。

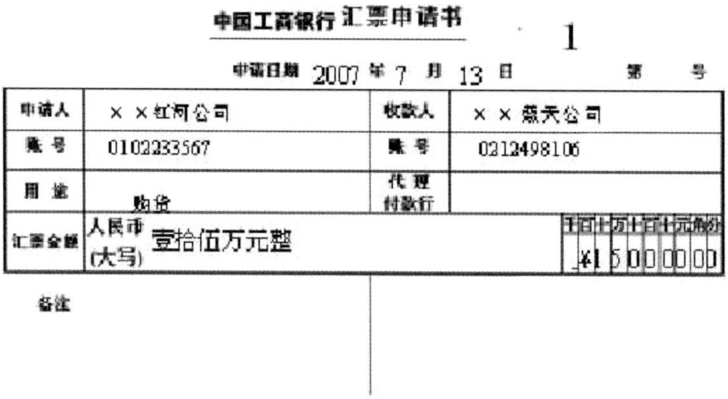

中国工商银行汇票申请书　1

申请日期 2007 年 7 月 13 日　　第　号

申请人	××红河公司	收款人	××蓝天公司
账号	0102233567	账号	0212498106
用途	购货	代理付款行	
汇票金额	人民币（大写）壹拾伍万元整	千百十万千百十元角分	¥1 5 0 0 0 0 0

备注

图 2—8　**汇票申请书第一联**

中国工商银行汇票申请书　　2

申请日期 2007 年 7 月 13 日　　　　第　　号

申请人	××红河公司	收款人	××燕天公司
账 号	0102233567	账 号	0212498106
用 途	购货	代 理 付款行	
汇票金额	人民币（大写）壹拾伍万元整	千百十万千百十元角分	¥1 5 0 0 0 0 0 0

上列款项请从我账户内支付

申请人盖章

图 2－9　汇票申请书第二联

中国工商银行汇票申请书　　3

申请日期 2007 年 7 月 13 日　　　　第　　号

申请人	××红河公司	收款人	××燕天公司
账 号	0102233567	账 号	0212498106
用 途	购货	代 理 付款行	
汇票金额	人民币（大写）壹拾伍万元整	千百十万千百十元角分	¥1 5 0 0 0 0 0 0

备注

图 2－10　汇票申请书第三联

2. 银行审查并受理

申请人开户行（出票行）临柜柜员收到申请人提交的银行汇票申请书后，应认真审查申请书内容填写是否完整、清晰，签章是否为预留印鉴。

3. 银行出票并交付

（1）账务处理。

临柜柜员从申请人存款账户上扣取汇票金额，并在申请书第二联背面打印交易信息。

借：活期存款——××红河公司　　　150 000

　　贷：汇出汇款　　　　　　　　　　150 000

汇票申请受理如图 2－11 所示。

图 2-11　汇票申请受理

（2）打印汇票。

临柜柜员根据申请书的内容，输入相关信息打印银行汇票一式四联。出票日期和出票金额必须大写，如果填写错误应将其作废。

（3）编押。

临柜柜员将打印好的银行汇票交给密押柜员编押，并打印汇票密押。

（4）后续处理。

汇票审核无误后，临柜柜员在出票金额大写数后面用总行统一制作的压数机压印出票金额，在第二联上加盖汇票专用章并由授权的经办人签名或盖章（见图 2-12），连同银行汇票第三联（解讫通知）一并交给申请人。

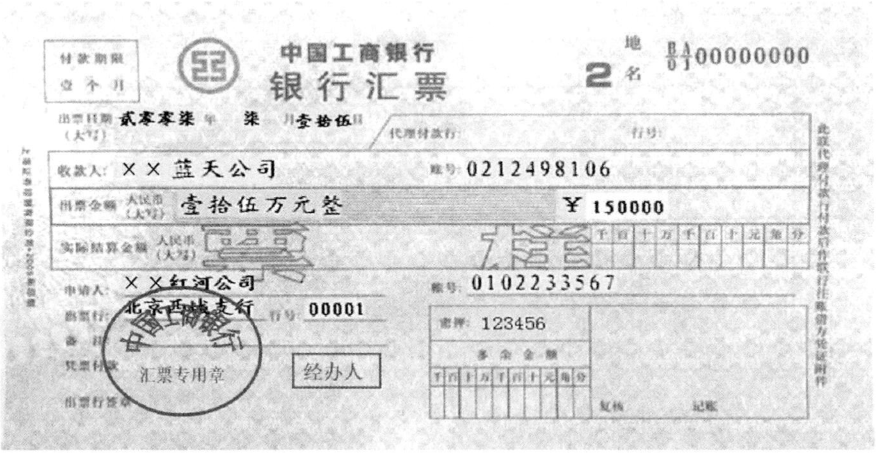

图 2-12　银行汇票第二联

（二）兑付行解付银行汇票的操作

1. 持票人提示付款

持票人将实际结算金额和多余金额填写在银行汇票第二、三联的相应栏内后，在汇票第二联背面作委托收款的背书，连同汇票第三联和填好的银行进账单一式三联一起委托开户银行向出票行收款，如图 2—13～图 2—17 所示。

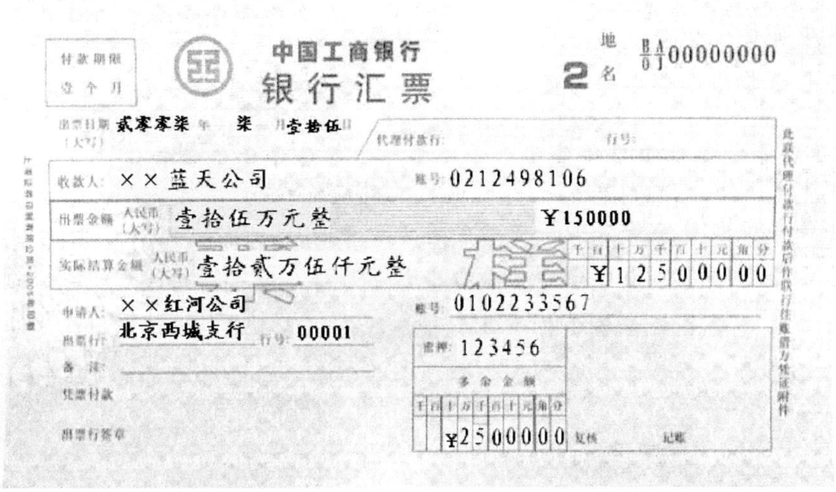

付款期限 壹个月

中国工商银行
银行汇票　2　地名 BA 01 00000000

出票日期（大写）贰零零柒年 柒 月壹拾伍日　代理付款行：　行号：

收款人：××蓝天公司　账号 0212498106

出票金额 人民币（大写）壹拾伍万元整　¥150000

实际结算金额 人民币（大写）壹拾贰万伍仟元整　¥12500000

申请人：××红河公司　账号 0102233567

出票行：北京西城支行　行号：00001

备注：

凭票付款

出票行签章

密押 123456

多余金额 ¥2500000　复核　记账

此联代理付款行付款后作联行往账借方凭证附件

图 2—13　填写后的汇票第二联

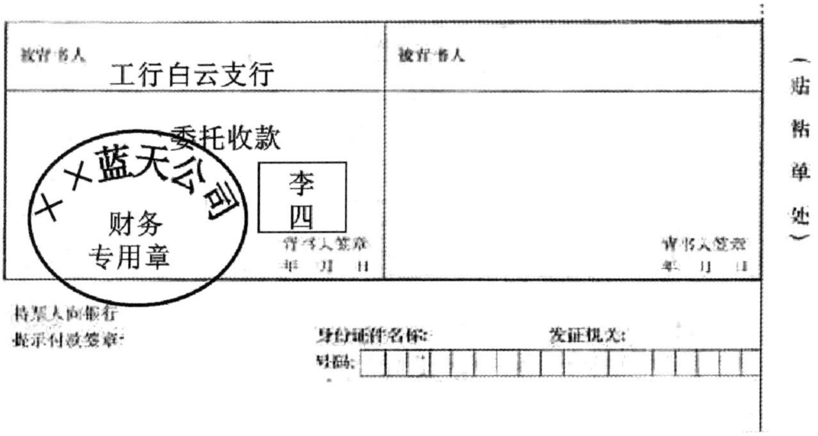

被背书人 工行白云支行　被背书人

委托收款

××蓝天公司 财务专用章　李四

背书人签章 年 月 日　背书人签章 年 月 日

（贴粘单处）

持票人向银行提示付款签章：　身份证件名称：　发证机关：　号码：

图 2—14　盖章后的汇票第二联背面

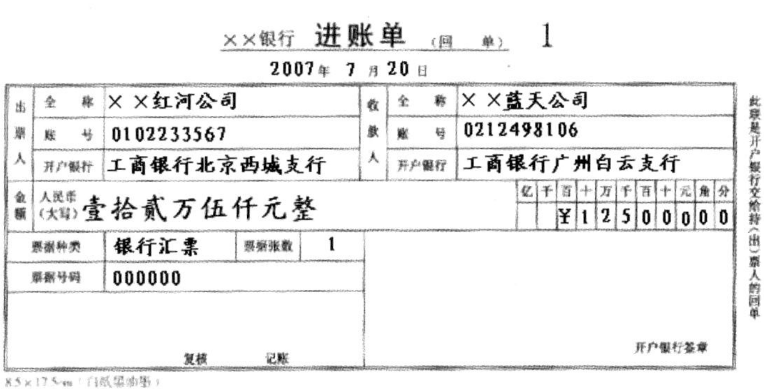

××银行 进账单（回单）1

2007年 7 月 20 日

出票人	全称	××红河公司	收款人	全称	××蓝天公司
	账号	0102233567		账号	0212498106
	开户银行	工商银行北京西城支行		开户银行	工商银行广州白云支行
金额	人民币（大写）	壹拾贰万伍仟元整			¥12500000
票据种类	银行汇票	票据张数 1			
票据号码	000000				
复核　记账				开户银行签章	

此联是开户银行交给持（出）票人的回单

图 2—15　填写后的银行进账单第一联

××银行 **进账单** （贷方凭证） 2

2007年 7 月 20 日

出票人	全称	××红河公司	收款人	全称	××蓝天公司
	账号	0102233567		账号	0212498106
	开户银行	工商银行北京西城支行		开户银行	工商银行广州白云支行
金额	人民币（大写）	壹拾贰万伍仟元整		亿千百十万千百十元角分	¥12500000
票据种类	银行汇票	票据张数 1			
票据号码	000000				
	复核 记账				开户银行签章

此联是开户银行交给持（出）票人的回单

8.5×17.5cm（白纸黑油墨）

图 2—16 **填写后的银行进账单第二联**

××银行 **进账单** （收账通知） 3

2007年 7 月 20 日

出票人	全称	××红河公司	收款人	全称	××蓝天公司
	账号	0102233567		账号	0212498106
	开户银行	工商银行北京西城支行		开户银行	工商银行广州白云支行
金额	人民币（大写）	壹拾贰万伍仟元整		亿千百十万千百十元角分	¥12500000
票据种类	银行汇票	票据张数 1			
票据号码	000000				
	复核 记账				开户银行签章

此联是开户银行交给持（出）票人的回单

8.5×17.5cm（白纸黑油墨）

图 2—17 **填写后的银行进账单第三联**

2. 银行接票及审查

（1）兑付行与出票行为同一家银行的异地分支机构。

兑付行临柜柜员收到持票人提交的汇票和进账单后，应认真审查以下内容：

①汇票和解讫通知是否齐全，汇票号码和记载的内容是否一致。

②汇票是否是统一规定印制的凭证，汇票是否真实，提示付款期限是否超过。

③汇票填明的持票人是否在本行开户，持票人名称是否为该持票人，与进账单上的名称是否相符。

④汇票的实际结算金额大小写是否一致，是否在出票金额以内，与进账单所填金额是否一致，多余金额结计是否正确。如果全额进账，是否在汇票和解讫通知的实际结算金额栏内填入全部金额，多余金额栏填写“—0—”。

⑤汇票必须记载的事项是否齐全，出票金额、实际结算金额、出票日期、收款人名称是否更改，其他记载事项的更改是否由原记载人签章证明。

⑥持票人是否在汇票背面“持票人向银行提示付款签章”处签章，背书转让的汇票是否按规定的范围转让，其背书是否连续，签章是否符合规定。

⑦出票行的签章是否符合规定，加盖的汇票专用章是否与印模相符。

⑧使用密押的，密押是否正确；压数机压印的金额是否有总行统一制作的压数机压印，与大写的出票金额是否一致。

（2）兑付行与出票行不是同一家银行的分支机构。

柜员只需审查上述①～⑥项，另外还需审查是否有压数机压印的金额，与大写的出票金额是否一致。

（3）持票人未在兑付行开户

柜员必须认真审查持票人的身份证件，在汇票背面“持票人向银行提示付款签章”处是否有持票人的签章，是否注明身份证件名称、号码及发证机关，并要求提交持票人身份证件复印件留存备查。

3. 银行兑付

（1）兑付行与出票行为不同银行的异地分支机构。

这种情况下属于跨系统转汇，应通过同城票据交换将汇票和解讫通知提交给同城有关的代理付款行审核支付后抵用。

（2）代理付款行与出票行为同一家银行的异地分支机构。

联行柜员编制联行借方报单并进行汇划发报录入。

借：联行往账　　　　　　　　　　　　125 000

　　贷：活期存款——××蓝天公司　　　125 000

银行进账单如图 2－18 和图 2－19 所示。

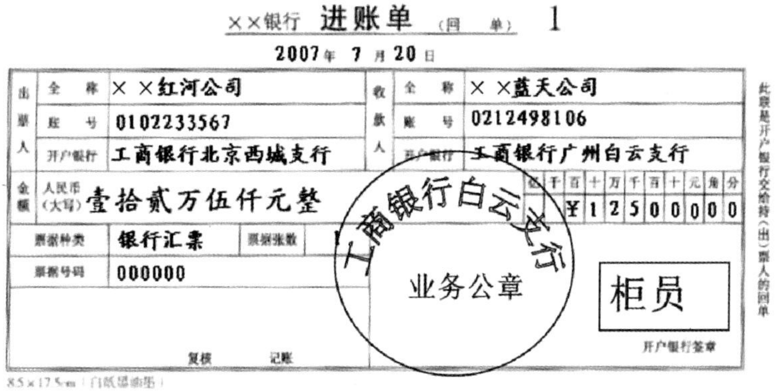

××银行 进账单（回 单） 1

2007年 7 月 20 日

出票人	全称	××红河公司	收款人	全称	××蓝天公司
	账号	0102233567		账号	0212498106
	开户银行	工商银行北京西城支行		开户银行	工商银行广州白云支行
金额	人民币（大写）	壹拾贰万伍仟元整		亿千百十万千百十元角分	¥12500000
票据种类	银行汇票	票据张数	1		
票据号码	000000				
	复核　记账			开户银行签章	

工商银行白云支行 业务公章

柜员

此联是开户银行交给持（出）票人的回单

8.5×17.5cm（白纸黑油墨）

图 2－18　盖章后的银行进账单第一联

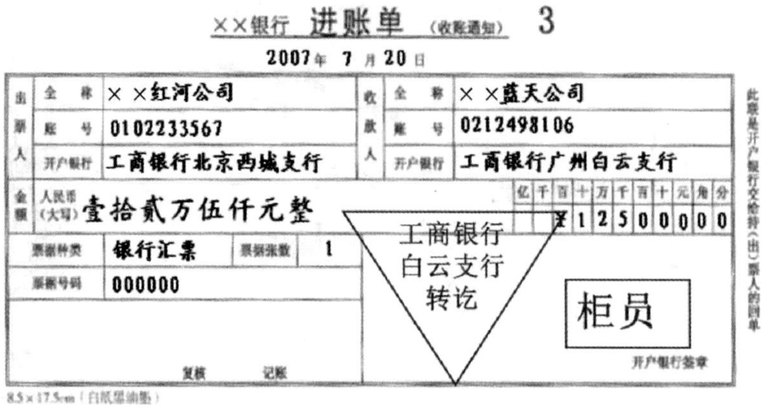
××银行 进账单（收账通知） 3

2007年 7月20日

出票人	全称	××红河公司	收款人	全称	××蓝天公司
	账号	0102233567		账号	0212498106
	开户银行	工商银行北京西城支行		开户银行	工商银行广州白云支行
金额	人民币（大写）	壹拾贰万伍仟元整		亿千百十万千百十元角分	¥12500000
票据种类	银行汇票	票据张数	1		
票据号码	000000				

复核 记账

工商银行白云支行转讫

柜员

开户银行签章

此联是开户银行交给持（出）票人的回单

8.5×17.5cm（白纸黑油墨）

图 2－19 盖章后的银行进账单第三联

（三）出票行结清银行汇票的操作

1. 接票及审查

出票行接到代理付款行寄来的联行借方报单以及汇票第三联解讫通知时，应抽出原专夹保管的汇票第一联（卡片），核对是否确属本行出票，借方报单与实际结算金额是否相符，多余金额结计是否正确无误。

2. 账务处理

（1）汇票全额付款。

如全额付款，应在汇票第一联的实际结算金额栏填入全部金额，在汇票第四联的多余金额栏填写“—0—”，汇票卡片和联行报单分别作为借方凭证和贷方凭证、解讫通知和多余款收账通知作借方凭证的附件留存。

（2）汇票有多余款。

如汇票有多余款，应在汇票卡片和多余款收账通知上填写实际结算金额，汇票卡片作为借方凭证、联行报单和解讫通知作为贷方凭证留存。

借：汇出汇款　　150 000

　　贷：联行来账　　125 000

　　　　活期存款——××红河公司　　25 000

银行汇票第四联的处理如图 2－20 所示。

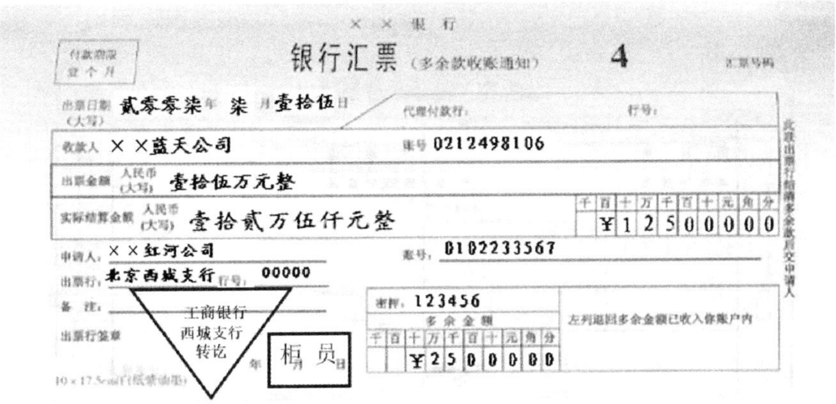

××银行

付款期限 壹个月

银行汇票（多余款收账通知）　4　汇票号码

出票日期（大写） 贰零零柒年 柒月 壹拾伍日　代理付款行：　行号：

收款人：××蓝天公司　账号 0212498106

出票金额 人民币（大写） 壹拾伍万元整

实际结算金额 人民币（大写） 壹拾贰万伍仟元整

千	百	十	万	千	百	十	元	角	分
	¥	1	2	5	0	0	0	0	0

申请人：××红河公司　账号：0102233567

出票行：北京西城支行　行号：00000

备注：

出票行签章

工商银行 西城支行 转讫

密押：123456

多余金额

千	百	十	万	千	百	十	元	角	分
		¥	2	5	0	0	0	0	0

左列退回多余金额已收入你账户内

年 月 日　柜员

此联出票行结清多余款后交申请人

10×17.5cm（白纸紫油墨）

图 2—20　银行汇票第四联的处理

（四）银行汇票退款与挂失的操作

1. 银行汇票的退款

申请人由于汇票超过付款期限或其他原因可以要求出票行退款。

（1）申请人提交银行汇票。

申请人申请退款时，应交回银行汇票第二、三联。申请人为单位的，应出具该单位的证明，说明退款原因；申请人为个人的，应出具本人的身份证件。

（2）核对。

柜员应查询该笔汇票与汇票登记薄上的登记是否一致；仔细审核汇票真伪，并与原专夹保管的汇票卡片核对无误。

（3）账务处理。

核对无误后，在汇票第二、三联的实际结算金额大写栏处填写“未用退回”字样。汇票第一联作为借方凭证，第二联作为其附件，第三联作为贷方凭证办理转账，同时销记汇出汇款账。

2. 银行汇票的挂失

填明“现金”字样及代理付款行的汇票丧失，失票人可以到代理付款行或出票行挂失。

（1）代理付款行挂失。

失票人提交挂失止付通知书一式三联，代理付款行应审查挂失止付通知书填写是否符合要求、是否属本行代理付款的现金汇票并查对确未付款的，方可受理。

（2）出票行挂失。

出票行接到失票人提交的挂失止付通知书后，应审查挂失止付通知书填写是否符合要求，查对汇出汇款账和汇票卡片是属指定代理付款行支取现金并确定未注销时方可受理。

四、案例分析

2014 年 11 月 14 日，江都某贸易公司向中国工商银行江都市支行（下称江都工商行）出具一份银行汇票委托书，江都工商行当日按委托书的要求开出华东三省一市银行汇票一张。该汇票记载兑付地点为南京，兑付行为南京市中国某银行，金额为 50 万元，收款人为朱×★（江都某贸易公司法定代表人），收款人账号或地址栏未记载，汇票背书栏系空白。此后，朱×★未背书将该汇票交给了服饰公司。服饰公司在汇票背书栏中加盖了服饰公司支票专用章、法定代表人彭×★私章后，由其工作人员持汇票及服饰公司介绍信至中国某银行二支行，称介绍朱×★前去联系汇票进服饰公司账户一事，并附朱×★居民身份证复印件。中国某银行二支行接受汇票时，汇票收款人账号栏中记载了服饰公司在该行所开设的账号。同年 11 月 22 日，中国某银行二支行将该汇票款 50 万元划至服饰公司账户。

2015 年 1 月 19 日，服饰公司将该汇票款连同江都某贸易公司另外支付的 12 万元款，以中介费为收款事由，一并开具了一张 62 万元收据交给江都某贸易公司，江都某贸易公司收到收据提出异议。

2016 年 3 月，江都某贸易公司向南京市玄武区人民法院提起诉讼，诉称：其于 2014 年 11 月 14 日签发 50 万元银行汇票一张，收款人为朱×★。因业务关系，将该汇票交由服饰公司保管，但服饰公司却擅自将该汇票交由中国某银行二支行承兑。中国某银行二支行在收款人朱×★未背书的情况下，将 50 万元票款兑付给服饰公司，造成其损失。现要求中国某银行二支行偿还已经错误兑付的 50 万元人民币及 82300 元利息损失，服饰公司承担连带责任。

被告中国某银行二支行辩称：江都某贸易公司并非本案所涉汇票的收款人，不应作为原告向其主张权利。其在办理该笔银行汇票业务时，朱×★称此款系服饰公司所有，并提供了服饰公司介绍信和其本人身份证复印件，且汇票上收款人账号栏填写的是服饰公司的账号，故其有理由认为汇票收款人系服饰公司。请求法院驳回原告的诉讼请求。

第三人服饰公司述称：其取得该份汇票是基于与原告的转让协议。在转让协议履行过程中，经与朱×★协商，才将该 50 万元打入服饰公司账号。事后，原告也收下了其开出的正式收据。故不同意承担返还责任。

审判：

一审审理期间，朱×★明确表示其取得汇票未支付对价，是代表原告行使持票人权利。

南京市玄武区人民法院经审理认为：中国某银行二支行在收款人未背书的情况下，仅以服饰公司的介绍信及有关身份证复印件，即将汇票款项划至服饰公司账户，违反了有关银行结算规定，对纠纷的产生负有主要责任。服饰公司在银行汇票背书栏中加盖其公司公章，且由于中国某银行二支行的疏漏，以此汇票取得 50 万元，不符合有关规定，对纠纷的产生负有相应责任。依照《中华人民共和国民法通则》第一百三十四条第一款第四项、第七项，《中华人民共和国民事诉讼法》第一百二十八条之规定，判决如下：

（1）中国某银行二支行应返还江都某贸易公司因其错误承兑的银行汇票金额50万元，赔偿利息损失96187.5元，于判决生效之日起10日内付清。

（2）服饰公司应返还中国某银行二支行本金50万元，承担经济损失96187.5元，于判决生效之日起10日内付清。

宣判后，中国某银行二支行不服，上诉称：原判认定诉讼主体错误。该汇票的收款人不是江都某贸易公司，应是服饰公司，汇票收款人账号系服饰公司的，并有服饰公司介绍信和朱××身份证复印件为证，服饰公司取得该款有法律依据。根据《支付结算办法》的规定，只有因错付或被冒领，造成客户资金损失，才要负责赔偿。现不存在资金损失，故其不应承担还款责任。请求二审法院依法改判。

服饰公司也提起上诉称：本案所涉的50万元，系江都某贸易公司与其之间的转让协议书支付的转让费。此后，江都某贸易公司又向我公司支付12万元转让费。我公司为此已向江都某贸易公司开具了收到62万元转让费的正式收据。我公司是依其他合法方式取得汇票权利的。原判认定事实不清，适用法律不当，请求二审法院撤销原判，将票据纠纷与双方间转让合同的转让费用纠纷合并审理。

南京市中级人民法院经审理，确认了一审法院认定的事实和证据。另查明事实如下：2014年10月27日，服饰公司（甲方）与江都某贸易公司（乙方）签订了一份转让协议书，约定：甲方负责将PP编织袋业务转让300万条给乙方自行加工销售结汇，甲方必须自转让协议律师见证后15天内将外商不可撤销的信用证打到乙方指定的银行，乙方收到信用证后经银行密押相符后应将转让费1 017 900元付给甲方；乙方如果在交货时需要延长交货期，甲方则负责协同做好与外商对信用证的延期事宜。协议签订后，江都某贸易公司开出了本案所涉汇票，由其法定代表人朱××交给服饰公司。外商已于2014年12月1日向江都某贸易公司开出信用证。因该信用证最后期限为2015年2月18日，江都某贸易公司以加工厂限期其预付货款，不修改信用证将无法向银行贷款，为避免不预付货款导致工厂停产造成延期交货后果为理由，多次与外商及服饰公司协商要求修改信用证。

2015年2月21日、3月26日，江都某贸易公司又先后给付了服饰公司13万元、20万元转让费，并收下了服饰公司以收款事由为服务费所出具的收据。

南京市中级人民法院认为：本案所涉汇票的收款人为朱××，是汇款人江都某贸易公司不确定收款人而将该公司法定代表人作为指定人员填写的。朱××虽持有汇票，但票据并未脱离江都某贸易公司的占有。朱××将未经背书的汇票交给服饰公司，与江都某贸易公司履行转让协议有关，应属职务行为。服饰公司虽占有未经背书的汇票，但并不享有票据权利。中国某银行二支行在该汇票没有经朱××背书的情况下，向服饰公司承兑，违反了《支付结算办法》的有关规定，存在结算差错。江都某贸易公司明知服饰公司收到50万元系中国某银行二支行结算差错所致，却不提出异议，并在服饰公司实际收到 50 万元中介费的基数上继续支付转让费，且收下了服饰公司为此开出的收据，足以表明其认可了中国某银行二支行错付的 50 万元实际充抵其根据转让协议应向服饰公司给付的转让费。因此，中国某银行二支行的错付行为并未造成江都某贸易公司的资金损失，依法不应承担赔偿责任。至于服饰公司依据其与江都某贸易公司的转让协议是否应返还已取得的转让费，系另一法律关系，本案不作处理，江都某贸易公司可依据转让协议另行向服饰公司主张权利。江都某贸易公司要求中国某银行二支行及服饰公司承担结算差错的损害赔偿责任，因缺乏事实依据，其诉讼请求应予驳回。原审判决中国某银行二支行承担返还错付款责任及服饰公司向中国某银行二支行承担返还责任不当，应予纠正。依照《支付结算办法》第二十四条，《中华人民共和国民事诉讼法》第一百五十三条第一款第二项的规定，做出如下判决：

（1）撤销南京市玄武区人民法院民事判决。

（2）驳回江都某贸易公司的诉讼请求。

评析：

1. 本案的主体问题

银行汇票是银行签发给汇款人持往异地办理转账结算或支取现金的票据。本案所涉汇票是江都某贸易公司委托银行出具的，在不确定收款人的情况下，江都某贸易公司指定其法定代表人朱××作为收款人，朱××取得汇票未支付相应对价，朱××本人亦明确表示其代表本人所在公司行使持票人权利，故票据权利仍属于江都某贸易公司享有。江都某贸易公司有权提起诉讼。

中国某银行二支行认为服饰公司是票据权利人的主张不能成立。票据是文义证券，当事人的一切权利义务必须以票据记载为准，而不能以票据上记载的文义以外的事由来认定票据上的权利义务。本案所涉汇票记载的收款人是朱××，而非服饰公司；朱××亦未背书转让；我国法律又不承认交付方式的转让，故服饰公司虽持有票据，却不享有票据权利。中国某银行二支行以服饰公司的介绍信及朱××的身份证复印件等票据以外的证据，认定是朱××要求其将款汇入服饰公司，缺乏依据。

2. 本案纠纷的性质

江都某贸易公司以票据纠纷为由诉至法院，认为中国某银行二支行错误兑付汇票造成其损失应承担责任，服饰公司因中国某银行二支行的错误取得汇票款也应承担连带责任。综合其诉讼请求及案件所涉法律关系分析，本案并不是单纯的因票据权利行使受到妨碍提起的诉讼，而是票据关系因票据的错误兑付而消灭后，权利人诉请法院作事后救济，其实质是由于中国某银行二支行的汇票结算差错引起的损害赔偿纠纷。

3. 本案责任的承担

按《支付结算办法》（因本案发生在《票据法》施行之前，故适用《支付结算办法》）之规定，银行办理结算中，因错付或被冒领的，如造成客户资金损失的，要负责资金赔偿。由此可见，中国某银行二支行在本案中承担责任须具备两个前提：一是存有结算差错；二是造成江都某贸易公司的资金损失。中国某银行二支行没有收款人朱××的背书即予兑付汇票，显然违反《支付结算办法》的有关规定，存有明显过错。但是，江都某贸易公司明知中国某银行二支行错付，却不提出异议，且收下了服饰公司为此出具的收据，足以证明其认可了中国某银行二支行的错付行为，同意将汇票款折抵作给付服饰公司的转让费。因此，中国某银行二支行虽有过错，却未造成江都某贸易公司的资金损失，既然不存在损害结果，就毋须承担赔偿责任。同理，服饰公司取得汇票款虽缺乏票据依据，但向江都某贸易公司收取转让费却是有约可循的。江都某贸易公司对汇票款充抵转让费予以认可，则服饰公司就无返还汇票款之义务。因此，江都某贸易公司的诉讼请求因没有损失而不能成立。原审法院注重于中国某银行二支行的过错行为，而忽视了并无损害后果这一事实，判决中国某银行二支行向江都某贸易公司承担返还责任，服饰公司向中国某银行二支行承担返还责任，有所不当。

此外，应否将本案与转让协议合并处理江都某贸易公司只对汇票所涉权利提起诉讼，服饰公司也未就转让协议转让费用纠纷提起反诉。因此，江都某贸易公司与服饰公司间的转让协议虽与本案有一定关系，但属另一法律关系，不能将此一并纳入本案审理范围。

4. 总结

（1）本案实为票据纠纷案。在本案中，原告为最终付款人和出票人，应为票据债务人。被告虽为付款人，但在其付款后取得汇票，即成为持票人向出票人享有了付款请求权而成为票据权利人。由于被告所为票据行为发生了不经收款人背书即向持票的第三人兑付汇票款的错误，原告作为出票人地位的票据债务人据此对被告产生了票据抗辩事由，即其可以被告的错误票据行为为理由而拒绝向被告付款。因此，原告的诉讼主体地位是基于其作为票据债务人所享有的抗辩权所确立的。

（2）如果原告抗辩事由为法院确认成立，则被告因其向原告的付款请求权实际不能实现，而产生了向其前手的追索权，此追索权应由追索权人自己行使。因此，本案在被告未主张追索权情况下，一审判决第三人向被告返还票款是不当的。

（3）从原告的诉讼请求理由来看，原告对第三人提出的既有原因关系上的理由，又有票据关系上的理由。但从票据关系上，因"付款人以恶意或者有重大过失付款的应自行承担责任"的原则，原告在对付款人主张权利时，就不能对在先的付款请求权人主张权利，在先的付款请求权人对"恶意或者有重大过失付款"的付款人应承担的责任不负有连带责任。因此，本案第三人是不应当成为本案的某种性质的当事人的，其进行的票据行为只能作为本案认定被告是否有恶意或重大过失行为的一个事实。

（4）由于票据的可转让性及流通性，再加上原因关系的影响，票据关系的当事人及权利义务内容往往难以弄清，这就需要我们认真分析纠纷的实质，正确把握法律关系的构成要件，以便正确地处理纠纷。

参考文献：

［1］祝雪红．结算实务［M］．上海：立信会计出版社，2004．

［2］宋炳方．银行票据业务培训教程［M］．北京：经济管理出版社，2008．

［3］中国人民银行，中国银行业监督管理委员会，中国证券监督管理委员会和中国保险
　　监督管理委员会．金融机构客户身份识别和客户身份资料及交易记录保存管理办法
　　［Z］．2007．

［4］张丽娟．票据规则与票据操作技术［M］．北京：机械工业出版社，2008．

第三章　银行本票

一、实训目标

（1）掌握银行本票的相关概念和流转过程。

（2）掌握银行本票的填写方法和注意事项。

（3）掌握银行本票的结清、退款和挂失操作。

二、实训知识

（一）银行本票的概念与特点

1. 银行本票的概念

银行本票是银行签发的，承诺自己在见票时无条件支付确定的金额给收款人或者持票人的票据。

2. 银行本票的特点

（1）银行本票以信用为基础，见票即付，弥补了目前支票信用度低、款到付款的不足。在有效提示期限内，持票人一旦提示，付款人则应当无条件地支付票面金额（法定抗辩的事由除外）。

（2）银行本票的付款人只限于银行，出票人与付款人之间必须有一定的资金关系存在。

（3）单位和个人在同一票据交换区域需要支付各种款项，均可使用银行本票。销货方可以见票发货，购货方可以凭票提货；债权、债务双方可以凭票结清债权债务；收款人将银行本票交存银行，银行即可为其入账。

（二）银行本票的样式与记载事项

1. 银行本票的样式

银行本票的样式如图 3-1～图 3-3 所示。

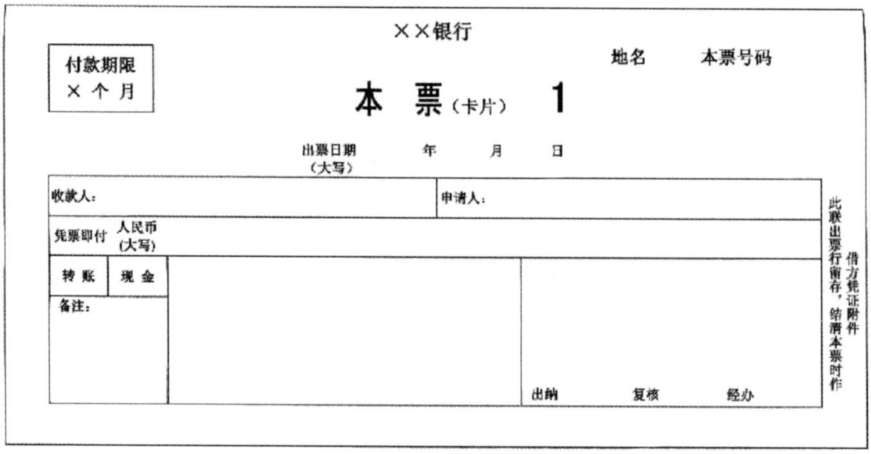
××银行
付款期限 × 个 月
地名　本票号码
本　票（卡片）　1
出票日期（大写）　年　月　日
收款人：　申请人：
凭票即付　人民币（大写）
转账　现金
备注：
出纳　复核　经办
此联出票行留存，结清本票时作借方凭证附件

图 3—1　银行本票第一联

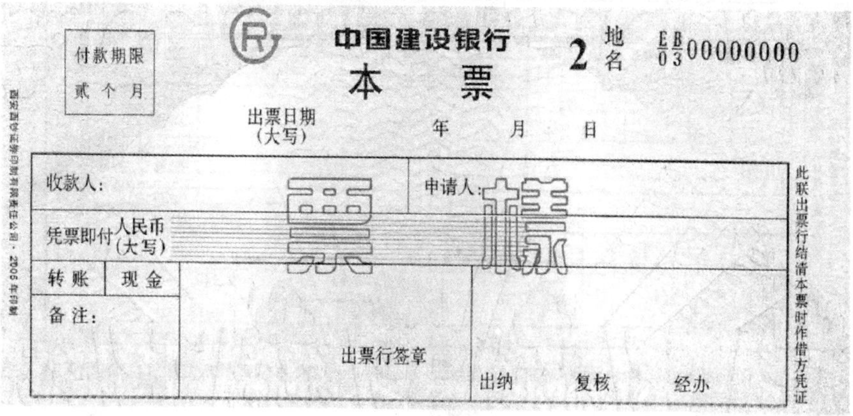
中国建设银行
本　票　2
地名　EB 03 00000000
付款期限 贰 个 月
出票日期（大写）　年　月　日
收款人：　申请人：
凭票即付　人民币（大写）
转账　现金
备注：
出票行签章
出纳　复核　经办
此联出票行结清本票时作借方凭证

图 3—2　银行本票第二联

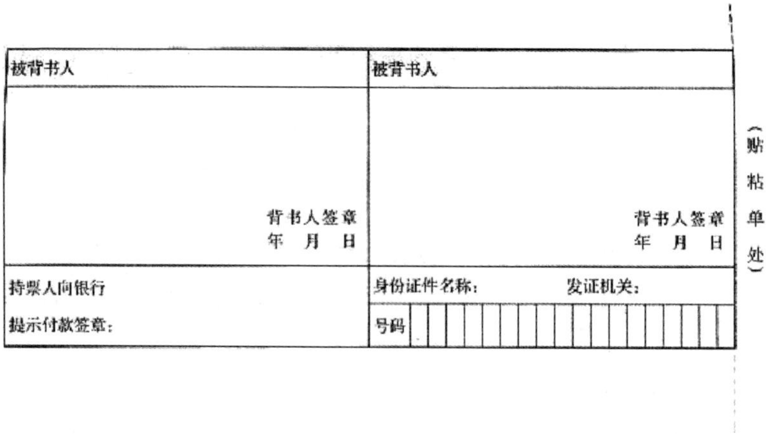
被背书人　被背书人
背书人签章 年 月 日　背书人签章 年 月 日
持票人向银行提示付款签章：
身份证件名称：　发证机关：
号码
（贴粘单处）

图 3—3　银行本票第二联背面

（二）银行本票的记载事项

根据《票据法》和《支付结算办法》的规定，银行本票必须记载下列事项（见

图 3-4）：

(1) 表明"本票"的字样。

(2) 无条件支付的承诺。

(3) 出票金额。

(4) 收款人名称。

(5) 出票日期。

(6) 出票人签章。

本票上未记载前款规定事项之一的，本票无效。

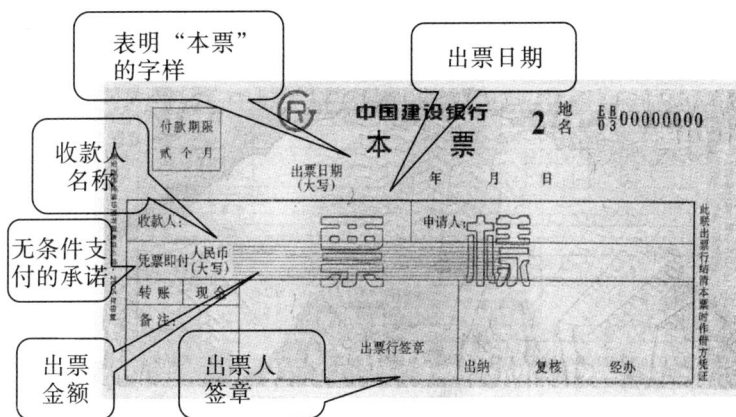

图 3-4　银行本票的记载事项

（三）银行本票的相关规则

单位和个人在同一票据交换区域需要支付各种款项，均可以使用本票。本票可以用于转账，填明"现金"字样的银行汇票也可以用于支付现金。

本票的出票人，为经中国人民银行当地分支行批准办理本票业务的机构；代理付款人是代理出票银行审核支付银行本票款项的银行。

本票自出票日起，付款期限一般为 1 个月，最长不得超过 2 个月。

本票见票即付。兑付跨行系统本票的，持票人开户银行可根据中国人民银行规定的金融机构同业往来利率向出票银行收取利息。

本票的出票人必须具有支付本票金额的可靠资金来源，并保证支付。

（四）银行本票的当事人

一般来说，银行本票的当事人包括出票人（付款人）和收款人。如果银行本票经过背书转让，则当事人还应包括背书人和被背书人。

1. 出票人（付款人）

出票人（付款人和出票人为同一个人）为经中国人民银行当地分支行批准办理银行本票业务的银行机构。

2. 收款人

收款人是指本票上记明的收款人。

（五）银行本票的流转程序

银行本票的流转程序如图 3-5 所示。

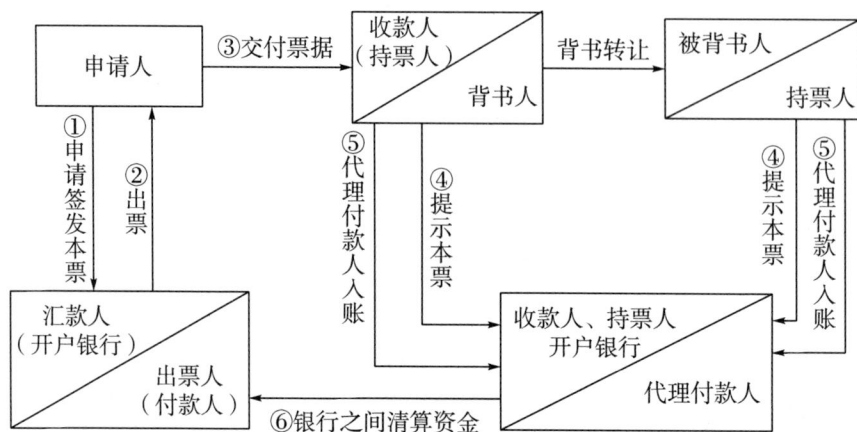

图 3-5　银行本票的流转程序

三、业务场景及操作

（一）银行本票出票的操作

案例

××宏达公司从八方通公司购买了一批原材料，价值 200 000 元，双方商定货款以银行本票方式结算。2007 年 12 月 1 日，××宏达公司向其开户银行中国建设银行古城分理处提交一份银行本票申请书，申请签发一张转账银行本票 200 000 元。××八方通公司收到银行本票当天即向其开户银行光大银行海淀分行营业部提示付款。光大银行海淀分行营业部审查无误后为××八方通公司办理了转账结算。通过银行本票这种结算方式，圆满完成了此项交易。

1. 申请人提出申请

申请人使用银行本票，应向其开户银行填写银行本票申请书（见图 3-6～图 3-8）。

××**银行本票申请书（存根）**　　第5号

申请日期　2007　年　12　月　1日　　NO:00005

申请人	××宏达公司	收款人	××八方通公司								
申请人账号	010222859										
本票金额	人民币贰拾万元整 （大写）	千	百	十	万	千	百	十	元	角	分
			￥	2	0	0	0	0	0	0	0

图3-6　银行本票申请书第一联

××**银行本票申请书**（借方凭证）　　第5号

申请日期　2007　年　12　月　1日　　NO:00005

申请人	××宏达公司	收款人	××八方通公司								
申请人账号	010222859										
本票金额	人民币贰拾万元整 （大写）	千	百	十	万	千	百	十	元	角	分
			￥	2	0	0	0	0	0	0	0
上述款项请从我账户内支付 （申请人盖章）											

图3-7　银行本票申请书第二联

××**银行本票申请书**（银行贷方凭证）　　第5号

申请日期　2007　年　12　月　1日　　NO:00005

申请人	××宏达公司	收款人	××八方通公司								
申请人账号	010222859										
本票金额	人民币贰拾万元整 （大写）	千	百	十	万	千	百	十	元	角	分
			￥	2	0	0	0	0	0	0	0

图3-8　银行本票申请书第三联

2. 银行审查并受理

银行收到申请人提交的"银行本票申请书"后，应认真审查申请书内容填写是否完整、清晰，签章是否为预留印鉴。如果申请书填明"现金"字样，应审查申请人和收款人是否为个人。经审查无误后，才能受理其签发银行汇票的申请。

3. 银行出票并交付

本票的出票日期和出票金额必须大写，如果填写错误应将本票作废。

用于转账的本票，须在本票上划去"现金"字样；按照支付结算办法规定可以用于支取现金的本票，须在本票上划去"转账"字样。

申请书的备注栏内注明"不得转让"的，出票行应当在本票正面注明。经复核无误后，在本票第二联上加盖本票专用章并由授权的经办人签名或盖章（见图3-9），用压数机压印小写金额后交给申请人。

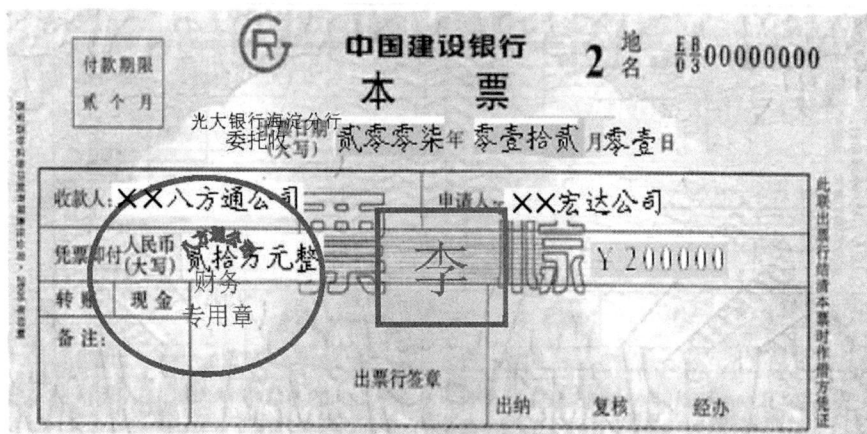

图 3-9 填制完成的银行本票第二联

（二）银行本票付款的操作

1. 持票人提示付款

持票人收受银行本票并认真审核后，可以直接向出票行提示付款或者委托开户银行向出票行收款。直接向出票行提示付款时，应在本票背面"持票人向银行提示付款签章"处签章。收款人是个人，则加盖个人名章；收款人是单位，则加盖预留银行印鉴。委托开户银行收款时，应在转账支票背面作委托收款的背书（见图3-10）。另外，如果是转账银行本票，还应填写银行进账单一式三联（见图3-11～图3-13）。

被背书人 光大银行海淀分行营业部	被背书人
委托收款 ××八方通公司 财务专用章 李四 背书人签章 年 月 日	背书人签章 年 月 日
持票人向银行 提示付款签章：	身份证件名称： 发证机关： 号码

（贴粘单处）

图 3－10 委托收款背书

××银行 进账单（回 单） 1

2007 年 12 月 1 日

出票人			收款人		
	全 称	××八方通公司		全 称	××宏达公司
	账 号	010107455		账 号	010109321
	开户银行	建行古城分理处		开户银行	光大银行海淀分行营业部
金额	人民币（大写）	贰拾万元整		亿千百十万千百十元角分	￥20000000
票据种类	银行本票	票据张数	1		
票据号码	00000				
复核 记账				开户银行签章	

此联是开户银行交给持（出）票人的回单

8.5×17.5cm（白纸黑油墨）

图 3－11 银行进账单第一联

××银行 进账单（贷方凭证） 2

2007 年 12 月 1 日

出票人			收款人		
	全 称	××八方通公司		全 称	××宏达公司
	账 号	010107455		账 号	010109321
	开户银行	建行古城分理处		开户银行	光大银行海淀分行营业部
金额	人民币（大写）	贰拾万元整		亿千百十万千百十元角分	￥20000000
票据种类	银行本票	票据张数	1		
票据号码	00000				
复核 记账				开户银行签章	

此联是开户银行交给持（出）票人的回单

8.5×17.5cm（白纸黑油墨）

图 3－12 银行进账单第二联

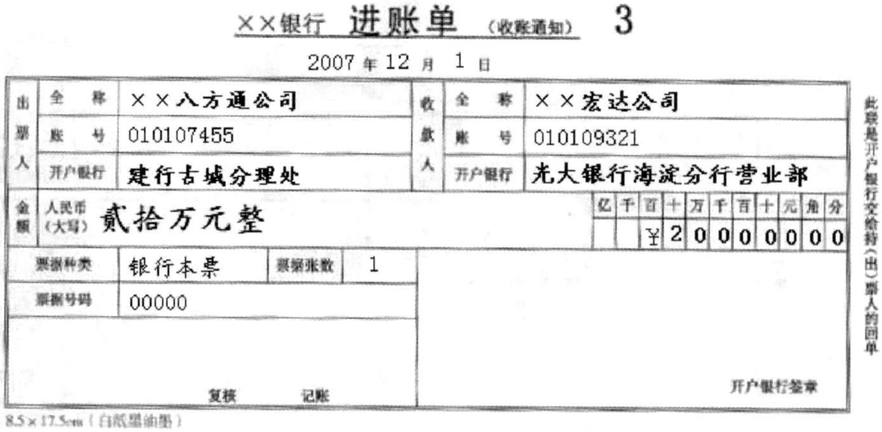

××银行 进账单（收账通知） 3

2007 年 12 月 1 日

出票人	全称	××八方通公司	收款人	全称	××宏达公司
	账号	010107455		账号	010109321
	开户银行	建行古城分理处		开户银行	光大银行海淀分行营业部
金额	人民币（大写）	贰拾万元整		亿千百十万千百十元角分	¥20000000
票据种类	银行本票	票据张数	1		
票据号码	00000				
复核　记账				开户银行签章	

此联是开户银行交给持（出）票人的回单

8.5×17.5cm（白纸墨油墨）

图 3—13　银行进账单第三联

2. 银行接票及审查

银行临柜柜员收到持票人提交的汇票和进账单后，应认真审查以下内容：

（1）本票是否是统一规定印制的凭证，本票是否真实，提示付款期限是否超过。

（2）本票填明的持票人是否在本行开户，持票人名称是否为该持票人，与进账单上的名称是否相符。

（3）出票行签章是否符合规定，是否加盖本票专用章。

（4）是否压数机压印的小写金额，与大写的出票金额是否一致。

（5）本票必须记载事项是否齐全，出票金额、出票日期、收款人名称是否更改，其他记载事项的更改是否由原记载人签章证明。

（6）持票人在本票背面的签章是否符合规定。背书转让的本票是否按规定的范围转让，其背书是否连续，背书使用粘单的是否按规定在粘结处签章。

3. 银行兑付

兑付手续，具体分以下 4 种情况：

（1）持票人与原申请人在同一行处开户。

此时，代理兑付行兑付的就是本行签发的本票。代理兑付行以本票第一联代借方凭证，进账单第二联代贷方凭证办理转账，结清有关账户。第一联进账单加盖转讫章交持票人作收账通知。

（2）持票人与原申请人不在同一行处开户时。

此时，代理兑付行以进账单第二联代贷方凭证办理转账。第一联进账单加盖转讫章交持票人作收账通知，本票加盖转讫章。通过同城票据交换将其转给出票银行。出票行收到交换的本票时，抽出专夹保管的本票卡片或存根，经核对相符，确属本行出票，将本票作为借方凭证，本票卡片或存根作为附件，办理本票的结清。

(3) 跨系统银行代理付款。

根据中国人民银行的规定，代理付款银行可以按同业往来利率向出票银行收取 1 天的利息。代理付款行填制讨收利息凭证，加盖同城签证章和票据清算章后，同本票一起通过同城票据交换向出票银行收取款项。出票银行对收到交换划来的计收利息凭证后，经核对无误，办理转账。

(4) 持票人向银行兑取现金。

代理付款银行要认真查验本票上填写的申请人和收款人是否均为个人，并要求提交收款人和被委托人身份证件的复印件留存备查。审查无误后，办理付款手续，将本票作为借方凭证，本票卡片或存根联作为附件。

借：同城票据清算　　　　　　　　200 000

　　贷：活期存款——××八方通公司　200 000

银行进账单如图 3－14～图 3－16 所示。

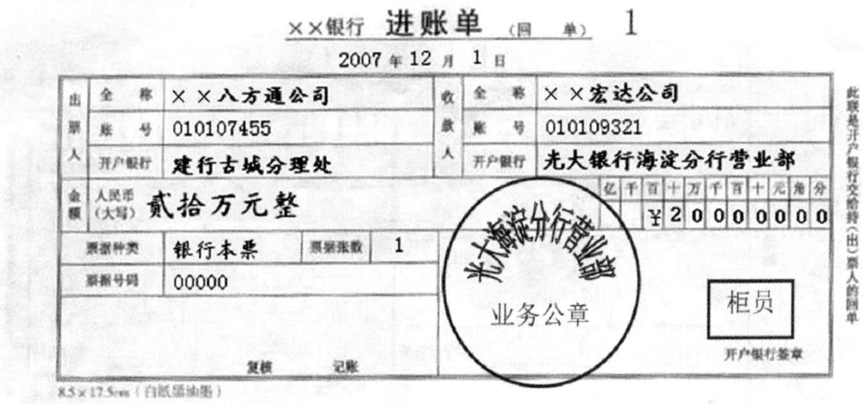

××银行 进账单 (回 单) 1

2007 年 12 月 1 日

出票人	全称	××八方通公司	收款人	全称	××宏达公司
	账号	010107455		账号	010109321
	开户银行	建行古城分理处		开户银行	光大银行海淀分行营业部
金额	人民币（大写）	贰拾万元整		亿千百十万千百十元角分	¥20000000
票据种类	银行本票	票据张数	1		
票据号码	00000				

复核　记账　　光大海淀分行营业部 业务公章　　柜员　开户银行签章

此联是开户银行交给持（出）票人的回单

8.5×17.5cm（白纸黑油墨）

图 3－14　盖章后的银行进账单第一联

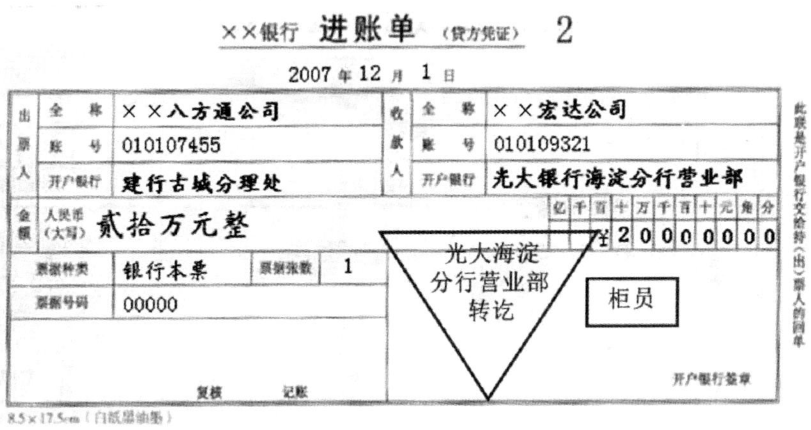

××银行 进账单 (贷方凭证) 2

2007 年 12 月 1 日

出票人	全称	××八方通公司	收款人	全称	××宏达公司
	账号	010107455		账号	010109321
	开户银行	建行古城分理处		开户银行	光大银行海淀分行营业部
金额	人民币（大写）	贰拾万元整		亿千百十万千百十元角分	¥20000000
票据种类	银行本票	票据张数	1		
票据号码	00000				

复核　记账　　光大海淀分行营业部 转讫　　柜员　开户银行签章

此联是开户银行交给持（出）票人的回单

8.5×17.5cm（白纸黑油墨）

图 3－15　盖章后的银行进账单第二联

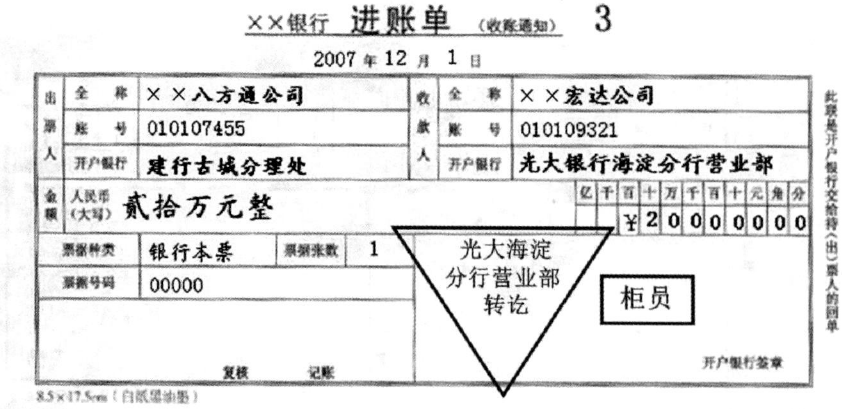
××银行 进账单 (收账通知) 3

2007年12月1日

出票人	全称	××八方通公司	收款人	全称	××宏达公司
	账号	010107455		账号	010109321
	开户银行	建行古城分理处		开户银行	光大银行海淀分行营业部
金额	人民币（大写）	贰拾万元整		亿千百十万千百十元角分	¥20000000
票据种类	银行本票	票据张数	1		
票据号码	00000				
	复核 记账			开户银行签章	

光大海淀分行营业部转讫

柜员

此联是开户银行交给持（出）票人的回单

8.5×17.5cm（白纸黑油墨）

图3－16　盖章后的银行进账单第三联

加盖转讫章后的银行本票如图3－17所示。

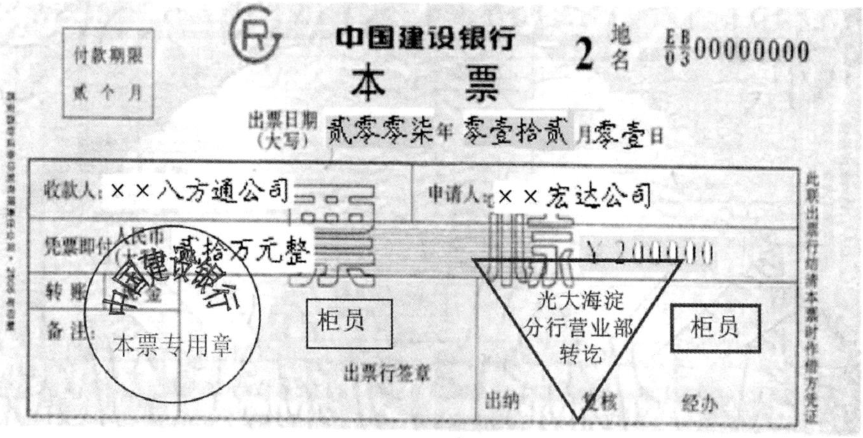
中国建设银行 本票 2 地名 EB 03 00000000

付款期限 贰个月

出票日期（大写）贰零零柒年零壹拾贰月零壹日

收款人：××八方通公司		申请人：××宏达公司	
凭票即付 人民币（大写）贰拾万元整			¥200000
转账	现金		
备注：	出票行签章	出纳 复核 经办	

中国建设银行 本票专用章

柜员

光大海淀分行营业部转讫

柜员

此联出票行结清本票时作借方凭证

图3－17　加盖转讫章后的银行本票

（三）银行本票结清、退款和挂失的操作

1. 银行本票的结清

如果出票行收到的是票据交换提入的本票，应抽出专夹保管的本票卡片，经核对相符，确属本行出票后，本票作为借方凭证，本票卡片作为附件进行账务处理。

借：本票　　　　　　200 000

　　贷：同城票据清算　　　200 000

2. 银行本票的退款

如果客户因本票超过提示付款期限或其他原因未使用本票，应填制一式三联进账单连同本票交给出票行申请退款。申请人为单位的，应由单位出具正式公函说明原因；申请人为个人的，应出示有效身份证件。

3. 银行本票的挂失

确系填明"现金"字样的本票丧失，失票人到出票行挂失时，应提交第一、二联挂失止付通知书。出票行收到挂失止付通知书后应按规定审核，抽出原专夹保管的本票卡片或存根核对，确属本行签发并确未注销时，方可受理。第一联挂失止付通知书加盖业务公章作为受理回单交给失票人，第二联于登记本票挂失登记簿后，与原本票卡片一并专夹保管，凭以控制付款或退款。

四、案例分析

甲工厂某采购人员持由该厂开户银行签发的、不能用于支取现金的银行本票，前往乙公司购置一批价值10万元的物资。由于该采购人员保管不慎，在途中将其装有银行本票的提包丢失。随后，甲工厂根据该采购人员的报告，将银行本票遗失情况通知该银行本票的付款银行，要求挂失止付，但该银行对上述情况进行审查后拒绝办理挂失止付。

（1）该银行拒绝挂失止付的行为是否正确，为什么？

（2）甲工厂在被银行拒绝挂失止付后，可以采取哪些措施维护自己的权益？

分析：

（1）该银行拒绝挂失止付是正确的。根据《支付结算办法》的规定，填明"现金"字样的银行本票丢失，可以由失票人通知付款人或者代理付款人挂失止付，而未填明"现金"字样的银行本票丢失不得挂失止付。

（2）甲工厂可以采取公示催告的措施维护其权益，即可以向银行本票支付地的基层人民法院提出公示催告申请，请求人民法院向该银行本票的付款银行发出立即停止付款的通知，并以公告方式通知不确定的利害关系人限期申报权利，逾期未申报者，则权利失效，而由法院通过除权判决宣告所丧失的银行本票无效。

第四章　支　票

一、实训目标

（1）掌握支票的相关概念。

（2）掌握支票的种类及特征。

（3）掌握支票的记载事项。

（4）掌握支票的样式和填制注意事项。

二、实训知识

（一）支票的定义

支票是由出票人签发的，委托办理支票存款业务的银行或者其他金融机构在见票时无条件支付确定的款项给收款人或者持票人的一种票据。

从支票的定义中，我们可以得知支票的四大基本特征如下：

（1）支票为三大票据之一。根据我国《票据法》第二条的规定，在中华人民共和国境内的票据活动，适用于《票据法》，且该法中所称票据是指汇票、本票和支票。

（2）支票是典型的委付证券。支票是由出票人委托第三方作为付款人代为支付的票据，此特征相同于汇票，不同于本票。

（3）支票涉及三个当事人。同汇票一样，支票的法律关系当事人包括出票人、持票人（收款人）和付款人，但不同于汇票的是，其中付款人仅限为办理支票存款业务的银行或者其他金融机构。

（4）支票为见票即付的票据。根据我国《票据法》第九十条的规定，支票限于见票即付，不得另行记载付款日期。另行记载付款日期的，该记载无效。

（二）支票的历史发展

支票见票即付、无需承兑等特点，使之成为三种票据中支付功能最强的票据，甚至被纳入广义货币的统计口径之中，被认为是近似货币。而且支票的出现可以在货币的形态演变史找到影子，这要追溯到最早纸币即交子的诞生。北宋年间，四川出现了专为携带巨款的商人经营现钱保管业务的"交子铺户"。存款人把现金交付给铺户，铺户把存款人存放现金的数额临时填写在用楮纸制作的卷面上，再交还存款人，当存款人提取现金时，每贯付给铺户一定的利息，即保管费。这种临时填写存款金额的楮纸券便谓之"交子"，也是纸币出现的最早形式，并在货币史上扮演了举足轻重的角色。当时的"交子"，只是一种存款和取款凭据，之后随着商品经济的发展，"交子"的使用也越来越广泛，全国各地设立交子铺，为商品交易带来了极大的方便。当商人们遇到大额交易，为了避免铸币搬运的麻烦，直接用随时可变现的"交子"来支付货款的事例日渐增多。我们可以认为"交子"就是支票最早的雏形，之后为顺应现代经济的发展，提高交易效率，支票也衍生出更多票据特征，比如在信息技术蓬勃发展的今天，支票的电子化已得到广泛的应用。

（三）支票与本票、汇票的比较

1. 相同点

（1）具有相同的性质。

①都是有价证券。票据是代表一定财产权的格式化凭证，即持有人凭票据上所记载的权利内容，来证明其合法取得的财产。

②都是格式证券。票据的格式（其形式和记载事项）都是由我国《票据法》严格规定，不遵守格式会对票据的效力有一定的影响。

③都是文字证券。票据权利的内容以及票据有关的一切事项都以票据上记载的文字为准，不受票据上文字以外事项的影响。

④都是可以流通转让的证券。一般债务契约的债权，如果要进行转让时，必须征得债务人的同意。而作为流通证券的票据，可以经过背书或不作背书仅交付票据的简易程序而自由转让与流通。

⑤都是无因证券。即票据上权利的存在只依票据本身上的文字确定，权利人享有票据权利只以持有票据为必要，至于权利人取得票据的原因、票据权利发生的原因均可不问。这些原因存在与否、有效与否，与票据权利原则上互不影响。

（2）具有相同的票据功能。

①汇兑功能。

票据最初的功能即为汇兑，即异地输送现金和兑换货币的工具。在商品经济发展和市场范围扩大之后，异地贸易携带现金极为不方便、不安全，还存在不同种类货币之间的兑换困难。在此背景下就产生了如下的汇兑业务：商品交易当事人通过银行等金融机构的汇款业务和货币兑换业务，在本地将现金交付给银行，取得票据作为汇款和货币兑付凭证，并凭该票据在异地向银行兑换现金，从而克服了现金支付的空间困难。

②信用功能。

票据是最为重要的信用工具之一，在现代经济发展中发挥了重要的信用功能。在一些常见的商品交易中，交易双方可能会涉及预付或赊销的状况。例如，甲公司现急需一批原材料，但公司资金周转困难，无法拿出足额现金购买，此时，甲公司可向乙公司

（原材料出售方）开出票据，乙公司可先交付商品即向甲提供商业信用；然后，乙公司再在票据指定日期，向甲公司收回已经交货的货款。因此我们可以看出，票据的使用可以解决现金支付在时间上的障碍，并发挥重要的信用功能。

③支付功能。

由于票据有汇兑功能，可异地兑换现金，是一种金钱给付的债权凭证，在此基础上票据的支付功能也随之形成，即票据可经过一定的行为代替现金在交易中进行支付。在市场经济中，货币作为交换媒介和一般等价物，会经常发生大量收付货币的现象。用票据代替现金作为支付工具，可以减少不必要的携带和点钞的麻烦，具有便携、快捷、安全等优点；同时随着票据交换制度的发展，票据交易可以通过相应的票据交换中心集中清算，简化结算手续，加速资金周转，提高社会资金使用效益。

④融资功能。

在金融活动中，票据持有人资金周转困难急需资金之时，可以通过将尚未到期的票据向银行进行贴现，取得货币资金，以解决一时之需。我们可以认为此时的票据发挥了银行信用的作用。当然除了贴现之外，还有转贴现和再贴现行为都可以达到融资的目的。

总的来说，不论是汇票、本票还是支票，它们作为票据都具备以上四种重要功能，即汇兑、信用、支付和融资功能，这也是它们共同的属性。

2. 不同点

（1）支票付款人资格限制。

支票同汇票一样，法律关系当事人包括出票人、持票人（收款人）和付款人，而本票只涉及两方当事人，只包括出票人和收款人，付款人即为出票人本人。

另外，支票不同于汇票的是，其中付款人仅限为办理支票存款业务的银行或者其他金融机构，而汇票和本票付款人并无此特殊要求。例如，汇票的付款人既可以为银行等金融机构，也可以为工商企业。

（2）支票是典型的委付证券。

支票是由出票人委托第三方作为付款人代为支付的票据，此特征相同于汇票，两者均为委付证券。本票为自付证券，即本票由出票人自己支付。

（3）支票付款人和出票人之间的特殊关系。

根据我国《票据法》第八十二条的规定，支票的出票人必须在银行开立支票存款账户，申请人须使用其本名，并提交证明其身份的合法证件[①]；应当预留其本名的签名式样和印鉴。支票的出票人在开立支票存款账户和领用支票时，应当有可靠的资信，并须在相应存款账户中存入一定的资金。出票人和付款人之间要签订相应的支付委托合同。

相比较之下，本票和支票并无此要求，他们的出票人和付款人之间不必先有资金关系，并且出票人和付款人不一定为存款人和开户行的关系，比如本票的付款人即为出票人。

---

① 法律出版社法规中心：《中华人民共和国票据法：注释本》，法律出版社，2007。

（4）支票无需承兑。

根据我国《票据法》第三十八条的规定，承兑是指汇票付款人承诺在汇票到期日支付汇票金额的票据行为。而票据法所包括的 3 种票据中只有汇票需要承兑，而本票和支票并不需要，说明承兑是汇票特有的票据行为。

（5）支票为见票即付的票据。

根据我国《票据法》第二十五条的规定，汇票的付款期限共有 4 种，分别为见票即付、定日付款、出票后定期付款、见票后定期付款。具体采用哪一种由票据当事人视情况而定。

根据我国《票据法》第七十七条的规定，本票的"见票"持票人向出票人提示本票，请求付款，即为见票即付的票据。

根据我国《票据法》第九十条的规定，支票限于见票即付，不得另行记载付款日期。另行记载付款日期的，该记载无效。

（6）支票的付款期限。

根据我国《票据法》第九十一条的规定，支票的持票人应当自出票日起 10 日内提示付款；异地使用的支票，其提示付款的期限由中国人民银行另行规定。超过提示付款期限的，付款人可以不予付款；付款人不予付款的，出票人仍应当对持票人承担票据责任。

根据我国《票据法》第七十八条的规定，本票自出票日起，付款期限最长不得超过 2 个月。而汇票的 4 种付款期限除了见票即付外，其他 3 种的付款期限一般较长，长则达半年。

从以上内容我们可以看出，汇票、本票、支票的付款期限依次缩短，汇票的信用功能最强，支票的支付功能最强。

（7）支票的担保付款责任。

支票的出票人担保支票付款责任；本票的出票人自负付款责任；汇票的出票人担保承兑付款责任，若另有承兑人，则由承兑人担保付款。

（8）支票无需保证。

根据我国《票据法》第八十条和第四十五条的规定，汇票和本票都具有保证行为，保证人与出票人负连带责任，而支票无需保证。

（9）支票的支付功能最强。

从上面第 6 点我们可以看出，汇票、本票、支票的付款期限依次缩短；同时，支票的其他特点如见票即付、无需承兑等都决定了支票是支付功能最强的票据。三种重要的票据中，汇票的信用功能最强，支票的支付功能最强。

（10）支票可采用无记名式。

根据《统一汇票本票法公约》和《票据法》的规定，汇票和本票不能采用无记名方式，而允许支票采用无记名式。

（11）支票的主债务人是出票人。

支票同本票一样无需承兑，两者的主债务人都是出票人；而汇票的主债务人，在承兑前是出票人，在承兑后便是承兑人。

(四) 支票的种类

1. 现金支票和转账支票

我国《票据法》第八十三条规定，根据支票支付方式的不同，将支票分为现金支票和转帐支票。现金支票是专门用于支取现金的，且只能支取现金，不得用于转账。图4-1为中国建设银行现金支票，票据正面印有明显"现金"字样。

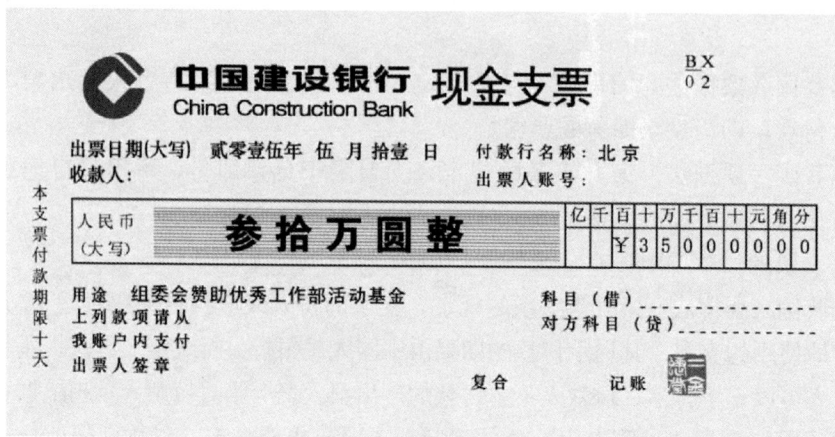

图4-1　现金支票

转账支票则只能用于转账，不得支取现金。图4-2为中国银行转账支票，票据正面印有明显"转账"字样。如果支票可以支取现金，也可以转账，则是普通支票。普通支票上未印有"现金"或"转账"字样。图4-3为中国工商银行普通支票，票据正面未印有"现金"或"转账"字样。在普通支票左上角划两条平行线的为划线支票，划线支票只能用于转账，不得支取现金，不划线时就作为现金支票使用。图4-4为中国工商银行划线支票。

图4-2　转账支票

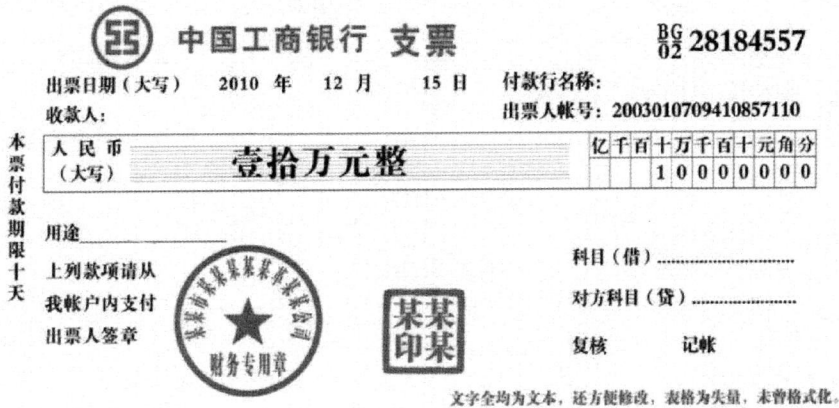

图4-3 普通支票

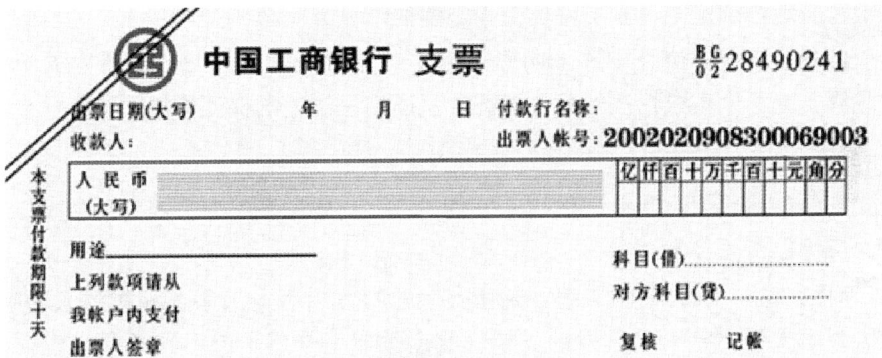

图4-4 划线支票

2. 记名支票和无记名支票

根据支票在出票时是否记载了收款人姓名，将支票分为记名支票与无记名支票。记名支票又称抬头支票，是指在支票出票时收款人一栏写明了收款人名称，比如在收款人栏中注明"付给甲"，付款人在支付时则只能付给"甲"，即只能付给票据指定的收款人，且须"甲"在背面签字。

无记名支票又称空白支票，是指支票出票时收款人一栏为空白并未记载收款人姓名或直接注明"付给来人"，支付时不要求持票人在背面签字。无记名支票转让时无须背书，记名支票转让时须由收款人背书。

3. 划线支票

划线支票又称平行线支票或横线支票，是指票据的权利人或者义务人在支票的正面划两条平行线，或者在平行线内记载特定银行等金融机构，付款人仅对该特定银行或金融机构支付票据金额的一种特殊支票。

与一般支票不同的是，划线支票非由银行不得领取票款，故只能委托银行代收票款入账。使用划线支票的目的是在支票遗失或被人冒领时，还有可能通过银行代收的线索追回票款。划线支票只能用于转账不能支取现金。

划线支票进一步又可分为两种：①普通划线支票，其特征是在支票正面所划两条平行线之间不记载任何文字，此种支票可由持票人委托任何银行收取票款；②特别划线支票，其特征是在支票正面所划两条平行线之间记载了指定银行的文字，此种支票只能由支票收款人委托其平行线内指定银行收款入账。

4. 保付支票

保付支票是指为了避免出票人开出空头支票，支票的收款人或持票人要求付款人在支票上加盖"保付"戳记，以表明在支票提示时一定付款。支票一经保付，付款责任即由付款银行承担，出票人、背书人都解除追索，此时票据的唯一债务人为付款银行，此时付款银行所承担的绝对付款责任类似于汇票的承兑人。

目前，我国《票据法》中并未明确规定支票保付制度。因此，支票上关于的"保付"记载属于并不发生票据法效力的记载，只产生民法上的保证作用。

5. 变式支票

变式支票是指票据出票人、付款人、收款人在支票关系中存在兼充的情况。变式支票又可以分为以下 4 种类型：

（1）对己支票，又称己付支票，是指支票的两方当事人出票人和付款人为同一人，即出票人以本人为付款人而签发的支票，此点类似于本票。但不同的是，根据《票据法》，支票的付款人只能为银行或其他类型的金融机构，因此己付支票的出票人也只能是银行或其他类型的金融机构，不然不能称之为己付支票。

（2）指己支票，又称己受支票，是指支票的两方当事人出票人和收款人为同一人，即出票人以本人为收款人而签发的支票。一般支票的出票人在付款人处开立了支票存款账户，当需要提前存款时，出票人便可签发此种指己支票。

（3）付受支票，是指支票的两方当事人付款人和收款人为同一人，即出票人以付款人为收款人而签发的支票。由于支票付款人的特殊性，付受支票的收款人也只能是银行或其他类型金融机构。

（4）己付己受支票，是指支票的三方当事人出票人、付款人和收款人同为一人，是4 种变式支票中最为特殊的一种。由于支票付款人的特殊性，此种支票的当事人均为银行或其他类型金融机构，且仅限于同一银行或其他类型金融机构各分支机构之间签发使用的支票。根据我国《票据法》第八十六条第四款的规定，出票人可以在支票上记载自己为收款人。这说明票据法认可了 4 种变式票据中的指己支票。

6. 旅行支票

旅行支票是指旅行支票发行机构为方便国际旅行者在旅行期间安全携带和支付旅行费用而发行的一种固定面额票据。与其他支票相比，其特点是面额小、便于携带、安全性高、不规定流通期限、全球广泛使用、无固定付款人和付款地点、无须在银行先有存款才能开出支票，旅行支票可以直接用现金购买，类似于银行汇票，只不过旅行支票的汇款人同时也是收款人。因此，基于这些优势，旅行支票成为因公因私出境人员安全携带和支付日常费用及学杂费的极佳选择。

（六）支票的记载事项

1. 绝对必要记载事项

绝对必要记载事项是指在支票上必须要记载的事项，若未记载规定事项之一，支票便无效。根据我国《票据法》第八十四条的规定，支票的绝对必要记载事项包括以下几项（见图4-5）：

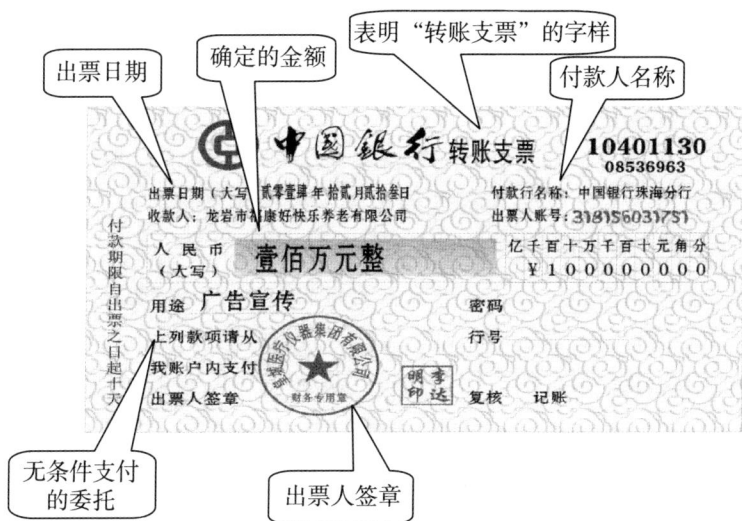

图4-5 支票的绝对必要记载事项

（1）表明"转账支票"的字样。为区分票据类型、表明票据种类，同本票和汇票一样，支票也须在票据相应位置记载"支票"这样的字样，根据支票的支付方式，可以进一步记载"现金支票"或"银行支票"。

（2）无条件支付的委托。一般使用的支票格式都是由中国人民银行统一规定的，在设计支票的格式上，支付文句已经印到了空白支票上，比如在支票正面左下方位置的"上列款项请从我账户内支付"文句，就是无条件支付的委托标志。

（3）确定的金额。即出票人在出票时须在支票上填写具体的确定的付款金额，比如大写数字伍佰肆拾陆元，并不是一个金额范围。在实际应用当中，存在很多特殊情况，比如单位开出了支票给经办人员去采购，经办人员拿着抬头和金额都空白的支票去，事先不能确定在哪家买东西，更不能确定要买的东西准确的金额，等他确定了之后再授权收款单位把支票填完整。因此我国《票据法》第八十五条规定，支票上的金额可以由出票人授权补记，未补记前的支票不得使用。

（4）付款人名称。付款人是出票人委托的按照票据文义付款的人。支票关于付款人名称的记载规则相同于汇票、本票，不同的是支票的付款人只限于银行或其他金融机构。

（5）出票日期。出票日期是持票人提示付款期限的基准，记载支票出票的时间即具体的年月日。我国《票据法》第九十一条规定，支票的持票人应当自出票日起 10 日内提示付款。

（6）出票人签章。根据我国《票据法》第八十二条第三条的规定，开立支票存款账户，申请人应当预留其本名的签名式样和印鉴。只有当支票上出票人的签章与预留的本名的签名式样和印鉴一致时，付款人才能付款，否则作退票处理。而持票人得不到付款，就会向背书人、出票人行使追索权，这样就必然对持票人产生不利的影响，还会引发经济纠纷。因此我国《票据法》规定，出票人不得签发与其预留本名的签名式样或者印鉴不符的支票。

2. 相对必要记载事项

相对必要记载事项是指某些事项虽然《票据法》规定应予记载，但如果票据上不作记载，法律另有补充规定，票据不因此而无效。根据我国《票据法》第八十六条的规定，支票包括以下三类相对必要记载事项：

（1）支票上未记载付款地的，以付款人的营业场所为付款地。

（2）支票上未记载收款人名称的，经出票人授权，可以补记。

（3）支票上未记载出票地的，出票人的营业场所、住所或者经常居住地为出票地。

（七）支票的票据样式与填制注意事项

1. 支票的票据样式

支票的票据样式如图 4-6～图 4-9 所示。

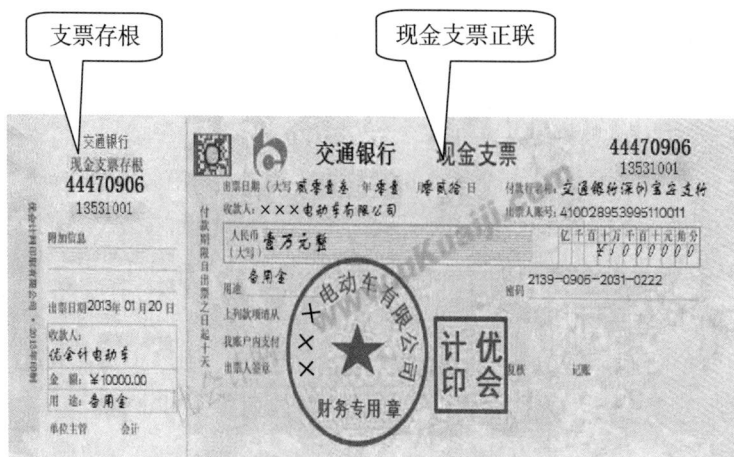

图 4-6　现金支票正面

现金支票背面（正联部分）

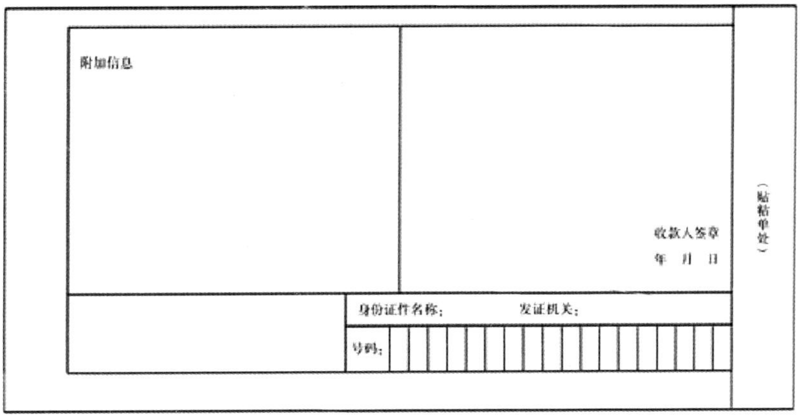

附加信息

收款人签章
年　月　日

（贴粘单处）

身份证件名称：　　发证机关：
号码：

图 4－7　现金支票背面

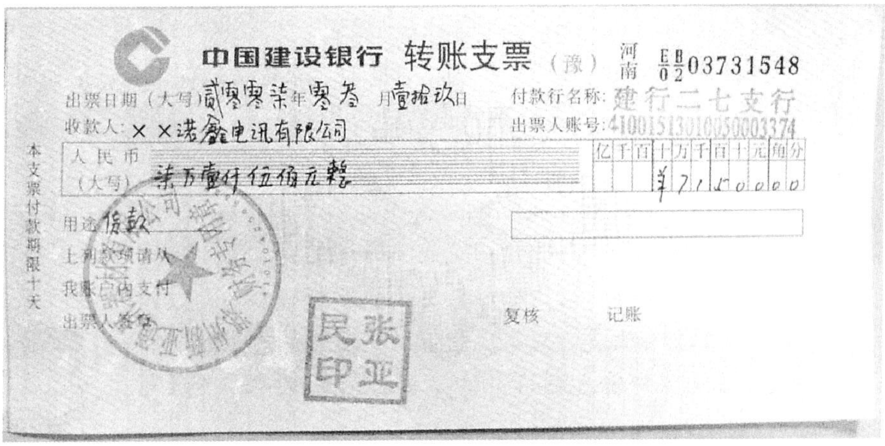

中国建设银行　转账支票　（豫）　河南　$\frac{E\,B}{0\,2}$03731548

出票日期（大写）贰零零柒年零叁月壹拾玖日　　付款行名称：建行二七支行

收款人：××诺鑫电讯有限公司　　出票人账号：41001513010050003374

人民币（大写）柒万壹仟伍佰元整　　¥71500000

本支票付款期限十天

用途　货款

上列款项请从
我账户内支付
出票人签章　　复核　　记账

张亚民印

图 4－8　转账支票正面

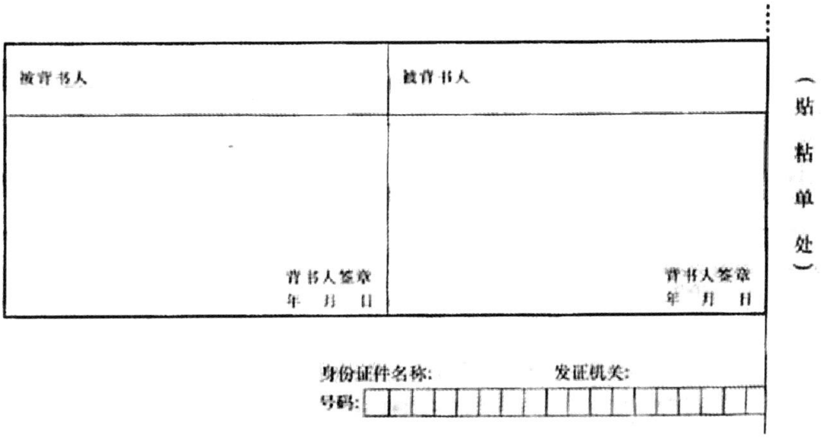

被背书人　　被背书人

背书人签章
年　月　日

背书人签章
年　月　日

（贴粘单处）

身份证件名称：　　发证机关：
号码：

图 4－9　转账支票背面

2. 支票的填制注意事项

（1）现金支票的用途填写有一定限制，一般填写"备用金""差旅费""工资""劳务费"等。转账支票没有具体规定，可填写如"货款""代理费"等。

（2）支票正面盖财务专用章和法人章，缺一不可，印泥为红色，印章必须清晰，印章模糊只能将本张支票作废，换一张重新填写、重新盖章。

（3）支票正面不能有涂改痕迹，否则本支票作废。

（4）支票的有效期为 10 天，日期首尾算一天。节假日顺延。

（5）支票见票即付，不记名。现金支票一般要素填写齐全，假如支票未被冒领，在开户银行挂失；转账支票假如支票要素填写齐全，在开户银行挂失，假如要素填写不齐，到票据交换中心挂失。

（6）出票单位现金支票背面有印章盖模糊了，可把模糊印章打叉，重新再盖一次，但不能超过 3 个印章。

（7）收款单位转账支票背面印章盖模糊了（此时《票据法》规定是不能以重新盖章方法来补救的），收款单位可带转账支票及银行进账单到出票单位的开户银行去办理收款手续。

（8）不准签发空白支票。签发支票的金额不能高于银行存款的余额，超过的即为"空头支票"，银行将予以退票，并进行相应数额的罚款。

例：2007 年 1 月 7 日，××宏达公司签发了一张金额为 5 000 元的现金支票从其开户银行——中国工商银行百大支行提取现金备用。此案例中现金支票的出票人和收款人为同一当事人，即都为××宏达公司。该公司出纳填写现金支票样本如图 4－10 和图 4－11 所示。

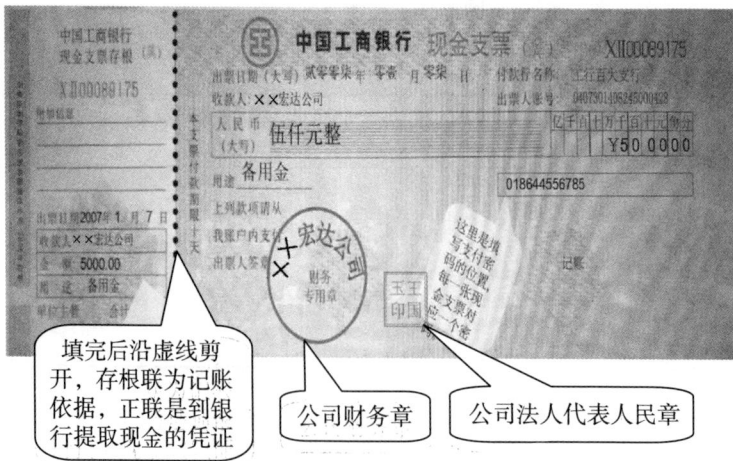

图 4－10　现金支票正面

图 4—11 现金支票背面

（八）支票的流转程序

贷记支票的流转程序（见图 4—12）为：①出票人出票；②出票人向自己的开户银行提示支票付款；③出票人的开户银行向收款人的开户银行交换进账单并清算资金；④收款人的开户银行将支票款项收妥入账并通知收款人，此时该支票的贷记流转程序完成。

借记支票的流转程序（见图 4—13）为：①出票人出票，将支票给持票人（收款人）；②持票人（收款人）送交支票到自己的开户银行；③持票人（收款人）的开户银行向出票人的开户银行提示付款；④如果出票人存款足额，银行内部通过交换并清算资金；⑤持票人（收款人）的开户银行将款项收妥入账，此时该支票的借记流转程序完成。

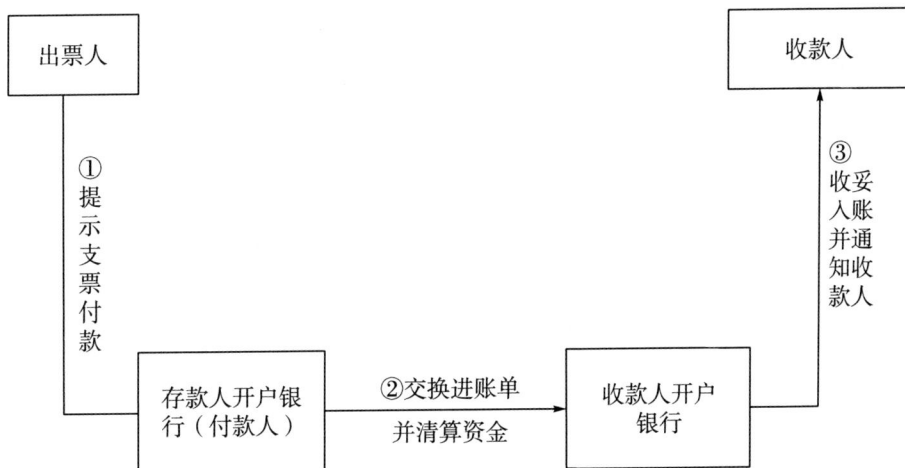

图 4—12 贷记支票流转程序

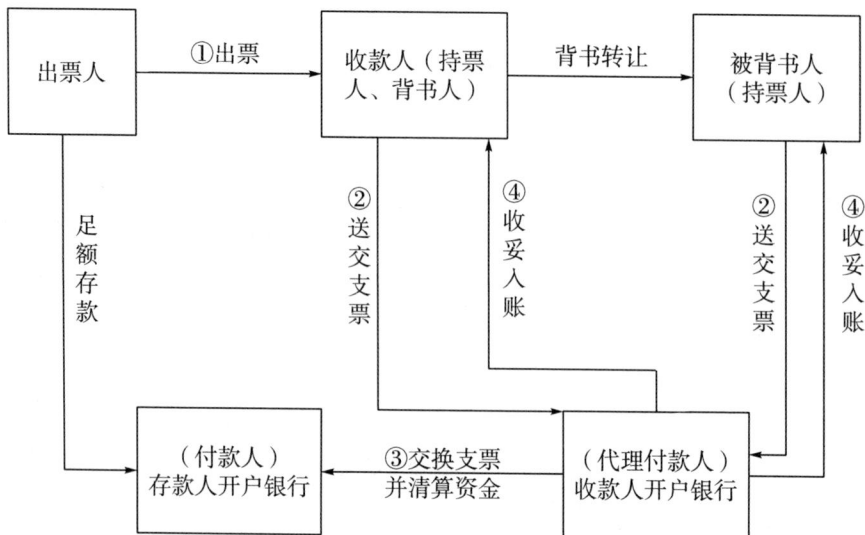

图 4—13 借记支票流转程序

三、业务场景及操作

（一）领购支票及开具现金支票提取现金的操作

1. 案例场景

2013 年 3 月 20 日，××图博智能工程有限公司向其开户银行（中国农业银行临淄支行）购买一本现金支票，当日，××图博智能工程有限公司签发了一张金额为 50 000.00 元的现金支票并从其开户银行提取备用金。

2. 案例操作

（1）××图博智能工程有限公司填写银行支票领购单，如图 4—14 所示。

图 4—14 支票领购单

（2）××图博智能工程有限公司签发现金支票，从开户银行提取备用金，如图 4-15 所示。

图 4-15 现金支票

3. 案例总结

签发支票的前提是向银行领购支票，关于支票的领购需注意以下几个方面：①出纳人员填制支票领购单；②银行核对印鉴相符后，在重要空白凭证登记簿上注明领购日期、领购单位、支票起讫号码等，然后出售支票，收取一定的工本费和手续费；③打印支票的密码号两张，领购单位和银行各一张，一次只可以购一本支票，业务量大的适当放宽条件；④单位撤销、合并或其他原因结清账户时，应将剩余空白支票交回银行，切角作废。

银行在做支票审查时需注意以下事项，以免因审单不严，导致无效支票通过：①支票是否是统一印制的凭证，支票是否真实，提示付款期限是否超过；②支票上绝对必要记载事项是否齐全，出票金额、出票日期、收款人名称是否更改，其他记载事项的更改是否由原记载人签章证明；③支票正面记载"不得转让"的是否进行背书转让；④提取现金应审核是否符合现金管理规定，提取工资奖金还须审核和登记工资手册。

（二）正送形式下转账支票的操作

1. 案例场景[①]

××典尔信息技术有限公司向其开户行（工商银行深圳支行）购买一本转账支票。××典尔信息技术有限公司需要购进原材料，派采购员前往××文莱科技有限公司（开户行工商银行南大支行）采购。经过洽谈，××典尔信息技术有限公司购买了 75 000 个电芯，总价为 98 000.00 元，两天后材料送到。2013 年 3 月 20 日验货后，××典尔信息技术有限公司签发了一张金额为 98 000.00 元的转账支票付款。

2. 案例操作

（1）由付款方即××典尔信息技术有限公司签发转账支票给收款人××文莱科技有限公司，如图 4-16 所示。

---

① 案例来源：https://www.docin.com/p-1535382355.html. 2019。

(2) 收款人在支票背面作委托收款背书，即××文莱科技有限公司在收到转账支票后，在支票背面作委托收款背书，被背书人是其开户行中国工商银行南大支行，如图 4－17所示。

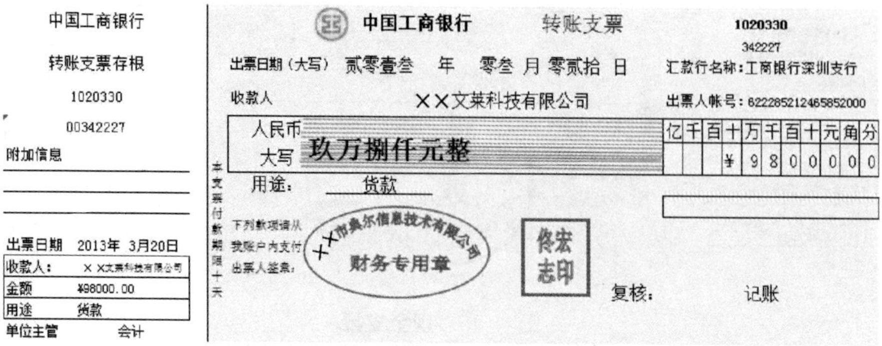
中国工商银行
转账支票存根
1020330
00342227
附加信息
出票日期 2013年 3月20日
收款人：××文莱科技有限公司
金额 ¥98000.00
用途 货款
单位主管 会计

中国工商银行 转账支票 1020330
342227
出票日期（大写） 贰零壹叁 年 零叁 月 零贰拾 日 汇款行名称：工商银行深圳支行
收款人 ××文莱科技有限公司 出票人帐号：6222852124658520000
人民币大写 玖万捌仟元整

亿	千	百	十	万	千	百	十	元	角	分
			¥	9	8	0	0	0	0	0

用途： 货款
本支票付款期限十天
下列款项请从我账户内支付
出票人签章：
××市奥尔信息技术有限公司 财务专用章
佟宏志印
复核： 记账

图 4－16 转账支票

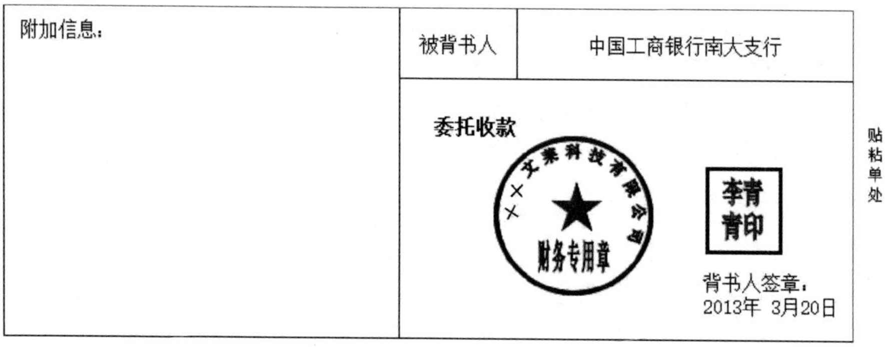
附加信息：
被背书人 中国工商银行南大支行
委托收款
××文莱科技有限公司 财务专用章
李青青印
背书人签章：
2013年 3月20日
贴粘单处

图 4－17 支票背书

(3) 收款人根据支票填写一式三联的进账单，即××文莱科技有限公司填写一式三联的进账单，如图 4－18 所示。

(4) 收款人即××文莱科技有限公司将支票正联和一式三联进账单一并交其开户银行办理转账，开户行在进账单第一联盖业务受理章，如图 4－19 所示。

(5) 银行收妥后通知收款人收款，退回进账单第三联，如图 4－20 所示。

中国工商银行 进账单（回单）1

2013 年 3 月 20 日

出票人	全 称	××典尔信息技术有限公司	收款人	全 称	××文莱科技有限公司
	账 号	622285212465852000		账 号	622285212465852111
	开户银行	工商银行深圳支行		开户银行	工商银行南大支行

金额	人民币（大写）	玖万捌仟元整			亿	千	百	十	万	千	百	十	元	角	分
									￥	9	8	0	0	0	0	0

票据种类	转账支票	票据张数	1
票据号码		342227	

中国工商银行深圳支行
2013.03.20
业务受理章

复 核		记账		开户银行签章

此联是开户银行交给持票人的回单

图 4—18 进账单填写

中国工商银行 进账单（回单）1

2013 年 3 月 20 日

出票人	全 称	××典尔信息技术有限公司	收款人	全 称	××文莱科技有限公司
	账 号	622285212465852000		账 号	622285212465852111
	开户银行	工商银行深圳支行		开户银行	工商银行南大支行

金额	人民币（大写）	玖万捌仟元整			亿	千	百	十	万	千	百	十	元	角	分
									￥	9	8	0	0	0	0	0

票据种类	转账支票	票据张数	1
票据号码		342227	

中国工商银行南大支行
2013.03.20
业务受理章

复 核		记账		开户银行签章

此联是开户银行交给持票人的回单

图 4—19 进账单第一联

中国工商银行 进账单（收账通知）3

2013 年 3 月 20 日

出票人	全 称	××典尔信息技术有限公司	收款人	全 称	××文莱科技有限公司
	账 号	622285212465852000		账 号	622285212465852111
	开户银行	工商银行深圳支行		开户银行	工商银行南大支行

金额	人民币（大写）	玖万捌仟元整			亿	千	百	十	万	千	百	十	元	角	分
									￥	9	8	0	0	0	0	0

票据种类	转账支票	票据张数	1
票据号码		342227	

中国工商银行
南大支行
2013.03.20
转讫
(01)

复 核		记账		收款人开户银行签章

此联是收款人开户银行交给收款人的收账通知

图 4—20 进账单第三联

3. 案例总结

正送形式下转账支票的操作如图4-21所示。

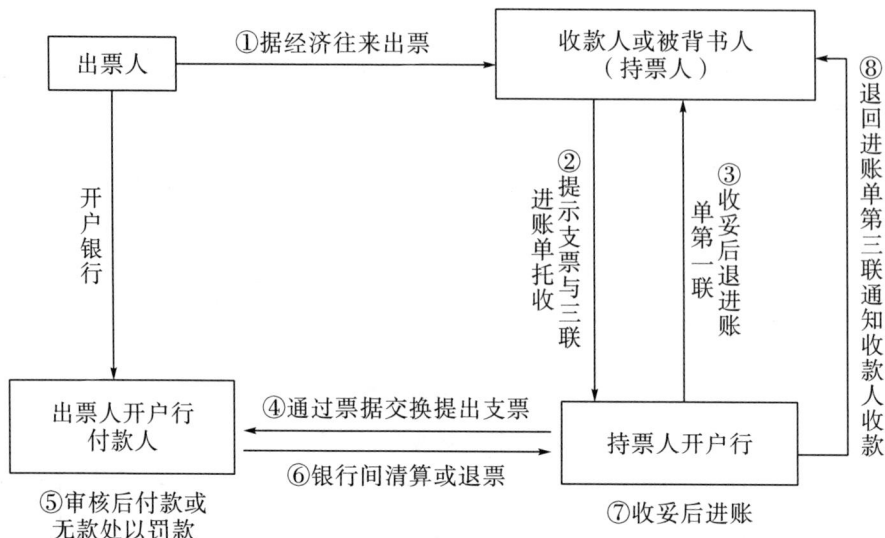

图4-21　正送形式下转账支票的操作

（三）倒送形式下转账支票的操作

1. 案例场景

××典尔信息技术有限公司签发了一张中国工商银行深圳支行的金额为98 000.00元的转账支票，但未交付给××文莱科技有限公司，而是委托本单位开户银行将款项划拨给收款人××文莱科技有限公司。

2. 案例操作

（1）由付款方即××典尔信息技术有限公司签发转账支票给收款人××文莱科技有限公司，如图4-22所示。

（2）付款方××典尔信息技术有限公司在转账支票背面签章（提示付款），除签章外，还须填写日期，如图4-23所示。

图4-22　转账支票

附加信息：

被背书人

（印章：深圳市奥尔信息技术有限公司 财务专用章）

（印章：佟宏志印）

背书人签章：
2013年 3月20日

贴粘单处

图 4-23 转账支票背面

（3）付款人××典尔信息技术有限公司填写一式三联的进账单，并将进账单和支票正联送交本单位开户银行中国工商银行深圳支行提示付款，如图 4-24 所示。

中国工商银行 进账单（回单）1

2013 年 3 月 20 日

出票人	全 称	××典尔信息技术有限公司	收款人	全 称	××文莱科技有限公司
	账 号	622285212465852000		账 号	622285212465852111
	开户银行	工商银行深圳支行		开户银行	工商银行南大支行

| 金额 | 人民币（大写） | 玖万捌仟元整 | 亿 | 千 | 百 | 十 | 万 | 千 | 百 | 十 | 元 | 角 | 分 |
| | | | | | | | ￥ | 9 | 8 | 0 | 0 | 0 | 0 |

| 票据种类 | 转账支票 | 票据张数 | 1 |
| 票据号码 | | 342227 | |

（印章：中国工商银行深圳支行 2013.03.20 业务受理章）

| 复核 | 记账 | 开户银行签章 |

此联是开户银行交给持票人的回单

图 4-24 进账单第一联

（4）收款方开户银行收妥款项后通知收款人，退回进账单第三联，如图 4-25 所示。

中国工商银行 进账单（收账通知）3

2013 年 3 月 20 日

出票人	全 称	××典尔信息技术有限公司	收款人	全 称	××文莱科技有限公司
	账 号	622285212465852000		账 号	622285212465852111
	开户银行	工商银行深圳支行		开户银行	工商银行南大支行

| 金额 | 人民币（大写） | 玖万捌仟元整 | 亿 | 千 | 百 | 十 | 万 | 千 | 百 | 十 | 元 | 角 | 分 |
| | | | | | | | ￥ | 9 | 8 | 0 | 0 | 0 | 0 |

| 票据种类 | 转账支票 | 票据张数 | 1 |
| 票据号码 | | 342227 | |

（印章：中国工商银行 南大支行 2013.03.20 转讫（01））

| 复核 | 记账 | 收款人开户银行签章 |

此联是收款人开户银行交给收款人的收账通知

图 4-25 进账单第三联

3. 案例总结

倒送形式下转账支票的操作如图 4-26 所示。

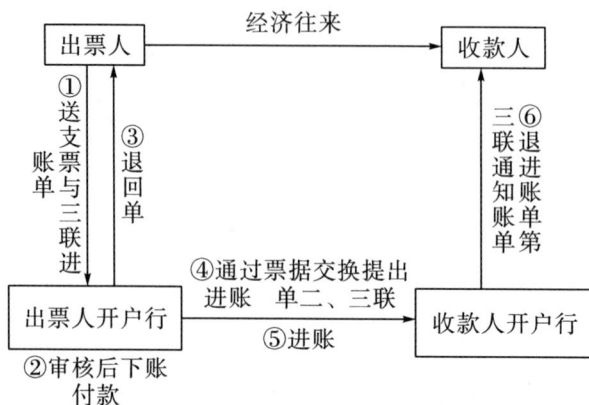

图 4-26　倒送形式下转账支票的操作

（四）支票背书业务的操作

1. 案例场景

2013 年 3 月 22 日，甲公司将 3 月 18 日收到的乙公司面额为 117 000 元的转账支票背书转让给丙公司，偿还前欠的购货款。

2. 案例操作

案例中的支票背书人是甲公司，被背书人是丙公司，支票背书业务办理流程如下：

（1）出纳审核转账支票。

（2）支票上签章。

（3）出纳记载背书事项，如图 4-27 所示。

（4）向被背书人交付支票。

转账支票背面

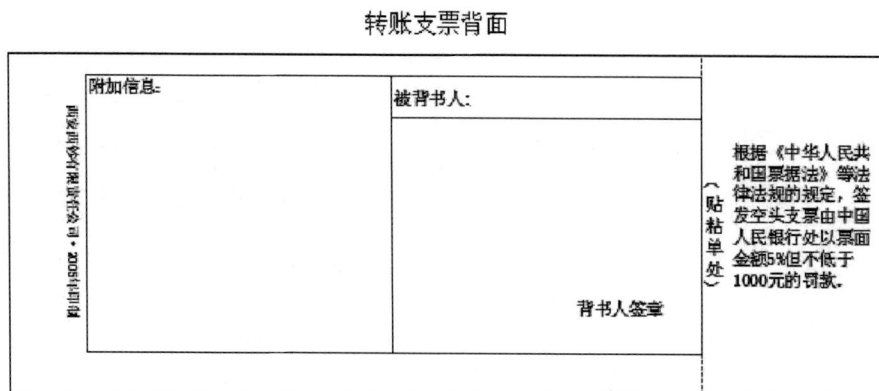

图 4-27　支票背书

3. 案例总结

支票背书是指持票人将票据权利转让他人或将一定票据权利授予他人行使，并且在票据背面记载有关事项并签章。根据目的不同，支票背书分为转让背书和非转让背书。其中，转让背书是指将票据权利转让他人；非转让背书是指将一定票据权利授予他人行使，如委托收款背书、质押背书等。

支票背书的注意事项如下：

（1）用于支取现金的支票不得背书转让。

（2）背书应当连续。

（3）如支票不能满足记载事项的需要，可以在背面加附粘单，背书人应在粘单上签章。

（4）支票背书转让时，背书人应记载被背书人名称和背书日期。背书未记载日期的，视为在到期日前背书。

存在下列情形之一不得进行背书转让：

（1）出票人在支票正面记载"不得转让"字样。

（2）超过付款提示期限。

（3）支票被拒绝付款。

（4）现金支票。

四、案例分析

（一）支票背书转让无效的案例

1. 案例场景①

近日，某银行业务处理中心在处理一笔对公转账业务时发现转账支票收款人为企业客户，但转账支票第一手背书及进账单收款人为另一个人客户，原收款人在进行转让行为时未在支票背书人签章处签章，导致最后持票人（个人客户）在背书签章时签章位置错误（在第一背书人签章处签章），最终因支票背书不连续形成无效票据。

2. 案例分析

《票据法》规定转让背书必须记载的事项有：背书人签章、被背书人名称、背书日期。前两项为绝对应记载事项，如果欠缺记载背书无效。

支付结算办法规定：背书必须连续，即票据第一次背书转让的背书人是票据上记载的收款人，前次背书转让的被背书人是后一次背书转让的背书人，依次前后衔接，最后一次背书转让的被背书人是票据的最后持票人。

---

① 案例来源：http://www.mayiwenku.com/p-2392265.html。

3. 案例启示

（1）网点临柜人员工作责任心不强，在受理业务时未认真审核票据的真实性、背书的连续性，忽略了简单业务的操作风险。

（2）票据背书必须连续是避免票据持票人因票据丢失、被盗等造成的经济损失最有效的手段，此类无效票据如被银行受理，会带来银企纠纷以致给银行的资金带来损失。

（3）网点业务主管应定期组织员工认真学习《支付结算办法》《支付结算会计核算手续》等文件规定，将风险隐患杜绝于受理环节，提高柜员的业务能力、法律意识和制度观念，积极抵御结算风险。

（二）遗失空白支票的案例

1. 案例场景[①]

李某为成都某纺织厂的业主，2008 年 4 月间，在搬迁厂房和办公场所的过程中，不慎遗失空白支票格式凭证 3 张。李某未及时按中国人民银行有关票据格式凭证管理的规定报失和刊登告示。所遗失的其中一张支票格式凭证被孙某拾到并伪刻名称为"某某建材公司"的财务章加以签署。支票的收款人处空白，金额填写为 20 万元。其后，孙某又持该伪造支票及身份证，到某商场购物，当场将该商场填写为支票的收款人。商场将该支票送银行入账时，遭到退票。经公安机关循支票格式凭证编号查实该支票格式凭证系李某所遗失，但无任何证据显示上述骗购货物事件与李某有关；而"某某建材公司"则根本不存在。该商场起诉李某，要求他支付该支票票款或赔偿货物损失。

2. 案例疑问

（1）李某应否承担票据责任？

（2）该商场持有该伪造的支票是否享有票据权利？

（3）李某应承担什么责任？

3. 案例结论

（1）李某丢失的是支票格式凭证，并非经签章的空白支票。李某因为没有在票据上签章，未进行任何票据行为，故不承担票据责任。

（2）某商场在本案的情形中不享有票据权利。因为伪造的票据为实质无效票据，直接从伪造出票的人手中取得票据，不能获得支付请求权。同时，在本案的伪造票据上，无任何真实签章，即无任何真实票据行为人承担票据义务。这一点与伪造的票据经真实的承兑或背书签章后，再流入持票人手中的情形不同。

（3）事实上，李某亦无须承担普通民事责任。因为李某丢失支票格式凭证的行为，与某商场的损失之间无任何法律上的必然因果关系。但是，李某因怠于履行经济管理关系中的义务，应受到金融主管机关的处罚。

---

① 案例来源：https://max.book118.com/html/2018/1027/7141062111001154.shtml。

(三)票据变造的案例

1. 案例场景[①]

锦城公司采购员李某需携带 5 万元金额的支票到 A 市采购原料。该支票由锦城公司刘某负责填写,公司财务主管加盖了财务章及财务人员的印鉴,收款人一栏则授权李某填写。以上记载均有支票存根记录为证。李某携该支票到 A 市某私营企业购买了价值 5 万元的原料,该私营企业老板董某是李某的朋友,发现支票上的笔迹为李某的,以自己最近资金周转陷入困境为由,请求李某帮忙将支票上的金额改为 15 万元以渡难关。李某碍于朋友情面而应允,使用董某提供的涂改剂将金额改成了 15 万元,从外观上看不出涂改的痕迹。其后,董某为支付货款将该支票背书转让给了某化工厂。此事败露后,锦城公司起诉某化工厂和董某,要求返还多占用的 10 万元票款。

2. 案例疑问

(1)本案中李某的行为在票据法上属于什么性质的行为?为什么?

(2)本案应如何处理?为什么?

3. 案例结论

(1)李某的行为属于变造票据。他超越特别授权范围,与董某串通篡改票据金额,属无权更改之人篡改签章以外事项,是典型的票据变造行为。

(2)首先,根据在变造之前签章的人对原记载事项负责,在变造之后签章的人对变造之后记载事项负责的原理,锦城公司对某化工厂只应承担支付 5 万元的票据责任,故化工厂应返还其余额票款给锦城公司;其次,董某应对建筑工程公司承担被追索 10 万元的义务;最后,建议金融主管机关依法追究李某和董某的行政责任,如果其行为已构成犯罪,应依法律程序追究刑事责任。

(四)支票账务处理案例

1. 案例场景

2019 年 1 月 18 日,甲公司向锦城公司销售价款 50 000 元的原材料,增值税为 8 500 元,收到锦城公司支付的转账支票一张,金额为 58 500 元。同日,甲公司签发现金支票 500 元作备用金。

2. 案例操作

首先,甲公司需根据收到的转账支票填制进账单,连同转账支票一并交存银行,根据银行盖章退回的"进账单"收款通知联和发票账单等,编制会计分录如下:

借:银行存款　　　　　　　　　　　　　　　　58 500

　　贷:主营业务收入　　　　　　　　　　　　50 000

　　　　应交税费——应交增值税(销项税额)　　8 500

---

① 案例来源:https://max.book118.com/html/2016/0304/36879041.shtml。

其次，甲公司根据签发现金支票的存根联，编制会计分录如下：

借：库存现金   500

　　贷：银行存款   500

3. 案例总结

（1）收款单位的账务处理：收款单位收到支票并填制"进账单"办理收款手续后，根据"进账单"收款通知联和发票账单等，借记"银行存款"账户，贷记"主营业务收入""应收账款"等账户。

（2）付款单位的账务处理：付款单位签发支票后，根据支票存根联和发票账单等，借记"材料采购""库存商品"等账户，贷记"银行存款"账户。

参考文献：

［1］胡志民，周建平，环建芬，等. 商法学［M］. 上海：立信会计出版社，2006.

［2］侯东德. 票据法学［M］. 武汉：武汉大学出版社，2010.

［3］王小能. 中国票据法律制度研究［M］. 北京：北京大学出版社，1999.

［4］张云勤，徐颖. 国际结算［M］. 2版. 大连：大连理工大学出版社，2013.

［5］曹骥，何仁聘. 出纳实务［M］. 重庆：重庆大学出版社，2014.

［6］周列平，周红，吴海波. 会计法规［M］. 武汉：武汉大学出版社，2011.

［7］李丽. 支票的规范填写［J］. 农村财务会计，2011（2）.

［8］王永昌，倪永红，刘燕. 新编经济法［M］. 2版. 成都：西南财经大学出版社，2014.

［9］章丹. 出纳实务［M］. 成都：电子科技大学出版社，2013.

［10］吕智娟，廖红. 会计基本技能［M］. 2版. 长沙：中南大学出版社，2014.

第五章　银行承兑汇票

一、实训目标

（1）掌握银行承兑汇票的相关概念及流转过程。

（2）能够对银行承兑汇票的开立、承兑、背书转让、贴现、再贴现和转贴现等业务进行熟练操作。

二、实训知识

（一）银行承兑汇票的定义

银行承兑汇票是工商企业或个人签发的，委托银行承兑并在指定日期无条件支付确定的金额给收款人或者持票人的票据。例如进口企业出票，委托其开户行承兑并付款。银行承兑汇票是商业汇票的一种。

（二）银行承兑汇票基本当事人

1. 出票人（Drawer）

出票人是指签发并交付汇票给收款人的当事人。出票人完成了出票行为后就对后手承担保证责任，即当收款人或持票人提示汇票时，付款人一定会承兑或付款，如果付款人拒付，持票人有权通过法定程序向出票人追索。同商业承兑汇票一样，银行承兑汇票也属于商业汇票，出票人是企业或者个人，同时作为远期汇票，承兑前出票人是主债务人，承兑后承兑人是主债务人。

2. 承兑人（Acceptor）

承兑人是指在票据上做承兑并交付票据给出票人或收款人的当事人。承兑人一旦完成承兑行为，就成为票据的第一付款人，并承担绝对的付款义务。银行承兑汇票的承兑人是银行，银行可以根据出票人的资信、资金实力等决定是否对票据进行承兑。银行可以拒绝承兑，但如果一旦接受并在票据上做了承兑，那么银行就负有绝对的付款义务。

3. 付款人（Drawee）

付款人是指接受无条件支付命令的当事人，即受票人。银行承兑汇票属于远期汇票，其承兑银行即付款人，银行承兑汇票是用银行信用来补充商业信用，在票据市场流通性较强。

4. 收款人（Payee）

收款人是指收取汇票票款的人。出票人开立并交付汇票给收款人以后，收款人就取得了票据的权利，即成为汇票的主债务人。收款人可以凭汇票实现票款，也可以将汇票背书后转让给他人。

（三）银行承兑汇票的票据行为

1. 出票（Issue）

银行承兑汇票的出票是指出票人签发或开立汇票，经签字后交付给收款人的票据行为。汇票的出票由两部分组成：一是出票人签发汇票并签字；二是由出票人交付给收款人。出票人出票后，若付款人拒付，则持票人有权向出票人行使追索权。

2. 背书（Endorsement）

银行承兑汇票的背书是指持票人以转让其权利为目的而在汇票的背面或粘单上记载有关事项并签字，然后将汇票交付被背书人的一种附属票据行为。

3. 承兑（Acceptance）

银行承兑汇票的承兑是指受票人在汇票正面做到期支付票款承诺的记载，并签章的一种行为。承兑由两部分组成：一是写成；二是交付。汇票的承兑行为一般做在汇票的正面或粘贴单上，票据一经承兑，承兑人的付款义务就是第一性的和绝对的。

4. 付款（Payment）

银行承兑汇票的付款是指在票据规定的时间和地点向收款人或持票人支付票款的行为。付款人一经付款，票据责任即被解除，它是消灭票据关系的行为。若其他人付款后，可依民法的规定向有关当事人请求补偿。

5. 贴现（Discount）

持票人将已承兑但尚未到期汇票转让给银行或贴现公司，后者从票面金额中扣减按照一定贴现率计算的贴现息后，将余款付给持票人的行为。贴现是票据买卖，资金融通业务。

（四）银行承兑汇票的填制及票据式样

银行承兑汇票一式三联：第一联为卡片联，由承兑人（付款单位）留存；第二联为正本联，由收款人开户银行随托收凭证寄付款人开户银行作借方凭证附件，可用于背书转让；第三联为存根联，由签发人存查。

银行承兑汇票票据式样如图 5—1 所示。

银行承兑汇票 (卡 片)　　1　　00108658

出票日期　　　　年　　月　　日
(大写)

出票人全称		收款人	全称	
出票人账号			账号	
付款行全称			开户银行	

| 出票金额 | 人民币
(大写) | | | 亿 | 千 | 百 | 十 | 万 | 千 | 百 | 十 | 元 | 角 | 分 |

| 汇票到期日
(大写) | | 付款人 | 行号 | |
| 承兑协议编号 | | 开户行 | 地址 | |

本汇票请你行承兑。此项汇票款我单位按承兑协议于到期日前足额交存你行，到期请予以支付。

　　　　　　　　　出票人签章

备注：　　　　　　　复核　　记账

此联承兑行留存备查，到期支付票款时作借方凭证附件

银行承兑汇票　　2　　00108658

出票日期　　　　年　　月　　日
(大写)

出票人全称		收款人	全称	
出票人账号			账号	
付款行全称			开户银行	

| 出票金额 | 人民币
(大写) | | | 亿 | 千 | 百 | 十 | 万 | 千 | 百 | 十 | 元 | 角 | 分 |

| 汇票到期日
(大写) | | 付款人 | 行号 | |
| 承兑协议编号 | | 开户行 | 地址 | |

本汇票请你行承兑。到期无条件付款。

　　　　　　　出票人签章

本汇票已经承兑，到期日由本行付款。

　　　　　　　承兑行签章

承兑日期　　年　　月　　日

密押

备注：　　　　　　　复核　　记账

此联收款人开户行随托收凭证寄付款行作借方凭证附件

被背书人	被背书人
背书人签章 年　月　日	背书人签章 年　月　日

（贴粘单处）

图 5-1　银行承兑汇票票据式样

(五) 银行承兑汇票的业务流程

1. 银行承兑汇票结算流程

银行承兑汇票结算流程如图 5-2 所示。

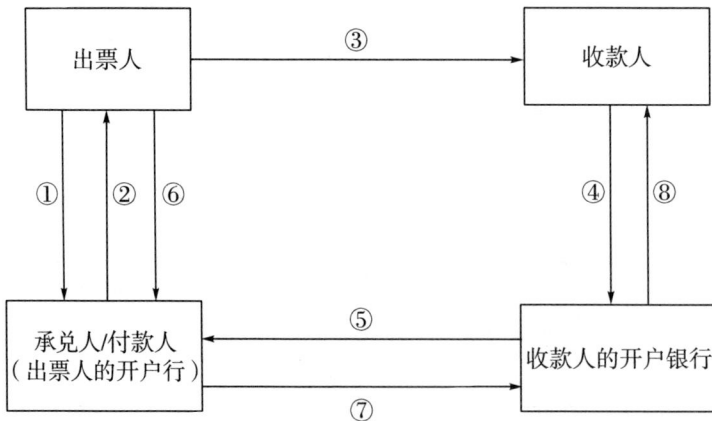

图 5-2　银行承兑汇票结算流程

图示说明：①出票人签发汇票，然后交开户行申请承兑；②承兑；③出票人将银行承兑汇票交予收款人办理结算；④待汇票到期，收款人将票据交予开户行并委托收款；⑤收款人开户行将票据交予出票人开户银行，收取相应款项；⑥缴足票款；⑦出票人开户行付款；⑧收妥入账通知。

2. 银行承兑汇票背书转让流程

银行承兑汇票背书转让流程如图 5-3 所示。

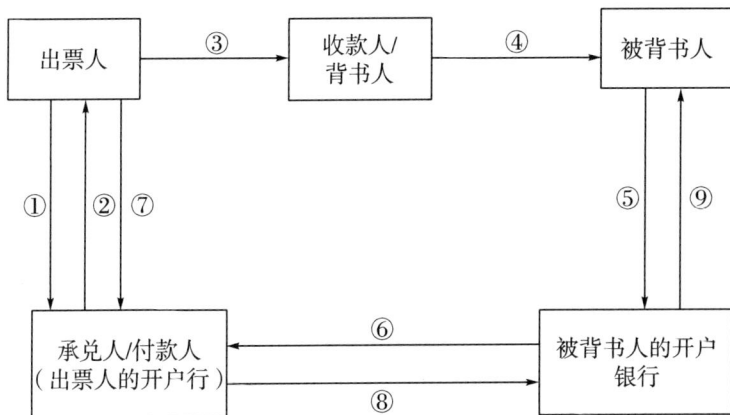

图 5-3　银行承兑汇票背书转让流程

图示说明：①出票并申请承兑；②承兑；③出票人将银行承兑汇票交予收款人办理结算；④收款人拿到票据，把票据背书转让给被背书人；⑤汇票到期，被背书人将票据交予开户行并委托收款；⑥被背书人开户行将票据交予出票人开户银行，收取相应款项；⑦缴足票款；⑧出票人开户行付款；⑨收妥入账通知。

3. 银行承兑汇票贴现流程

银行承兑汇票贴现流程如图 5-4 所示。

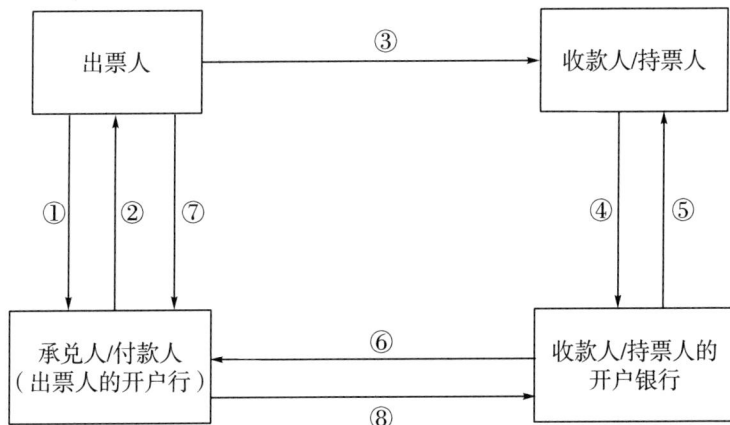

图 5-4　银行承兑汇票贴现流程

图示说明：①出票人签发汇票，然后交开户行申请承兑；②承兑；③出票人将银行承兑汇票交予收款人办理结算；④票据到期前，收款人（持票人）将票据交开户行申请贴现；⑤贴现；⑥票据到期，贴现行将票据交予出票人开户行收取票款；⑦缴足票款；⑧划回票款。

三、业务场景与操作

（一）银行承兑汇票承兑的操作

2007 年 3 月 10 日，光大商贸有限公司购买××宏胜商贸有限责任公司货物，货款 150 000 元。××宏胜商贸有限责任公司对光大商贸有限公司的资信情况还不甚了解，因此要求以银行承兑汇票进行结算。双方签订交易合同时，在合同中注明采用银行承兑汇票进行结算。光大商贸有限公司按合同规定签发银行承兑汇票，并经开户行工行小街分理处承兑。光大商贸有限公司将经过承兑的银行承兑汇票交予××宏胜商贸有限责任公司。××宏胜商贸有限责任公司在汇票到期前委托自己的开户行工行科园分理处收取款项。双方通过银行承兑汇票这种结算方式，圆满地完成相关业务。

（1）企业出票并向银行申请承兑。在出票过程中出票日期和出票金额必须大写，如果填写错误应将票据作废（见图 5—5）。

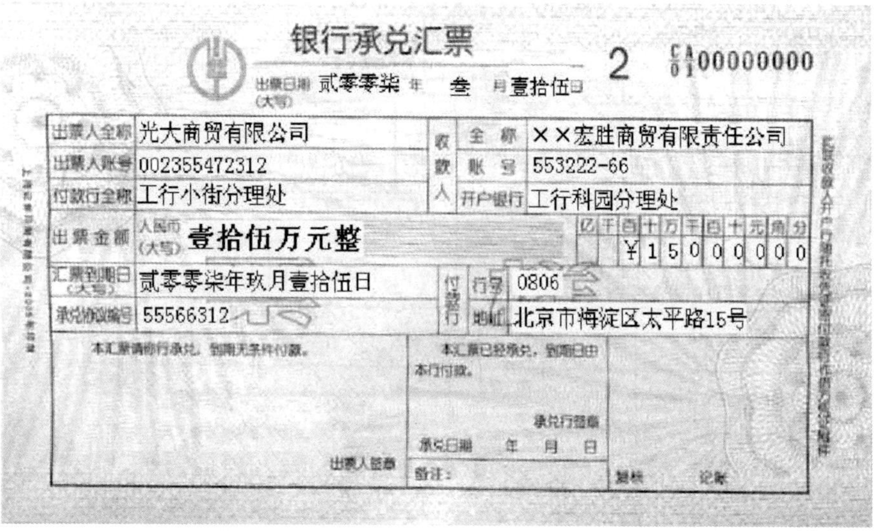

银行承兑汇票　2　CA 01 00000000

出票日期（大写）贰零零柒 年 叁 月壹拾伍日

出票人全称	光大商贸有限公司	收款人	全　称	××宏胜商贸有限责任公司
出票人账号	002355472312		账　号	553222-66
付款行全称	工行小街分理处		开户银行	工行科园分理处
出票金额	人民币（大写）壹拾伍万元整		亿千百十万千百十元角分	¥15000000
汇票到期日（大写）	贰零零柒年玖月壹拾伍日	付款行	行号	0806
承兑协议编号	55566312		地址	北京市海淀区太平路15号

本汇票请你行承兑，到期无条件付款。

出票人签章

本汇票已经承兑，到期日由本行付款。

承兑行签章

承兑日期　年　月　日

备注：

复核　记账

图 5—5　银行承兑汇票第二联 1

（2）出票完成后向开户行申请承兑，双方签订银行承兑协议（见图 5－6）。

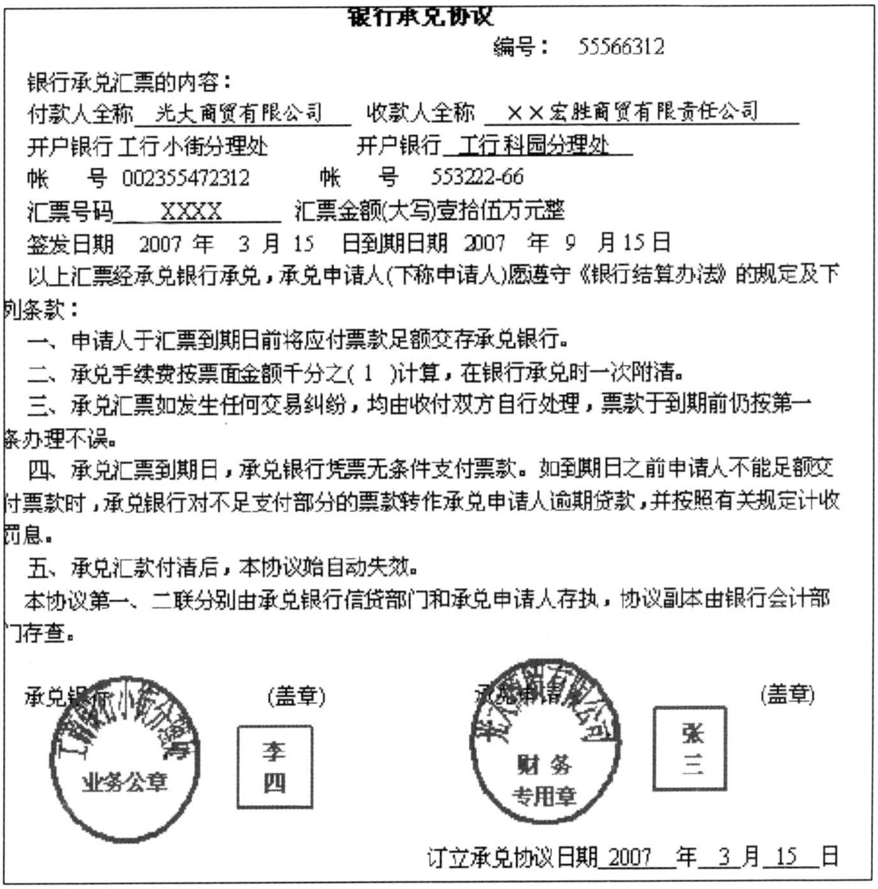

银行承兑协议

编号：　55566312

银行承兑汇票的内容：

付款人全称　光大商贸有限公司　　收款人全称　××宏胜商贸有限责任公司

开户银行 工行小街分理处　　　　开户银行　工行科园分理处

帐　　号 002355472312　　　　帐　　号　553222-66

汇票号码　XXXX　　汇票金额(大写)壹拾伍万元整

签发日期　2007 年　3 月 15　日到期日期　2007　年　9　月 15 日

以上汇票经承兑银行承兑，承兑申请人(下称申请人)愿遵守《银行结算办法》的规定及下列条款：

一、申请人于汇票到期日前将应付票款足额交存承兑银行。

二、承兑手续费按票面金额千分之(1)计算，在银行承兑时一次附清。

三、承兑汇票如发生任何交易纠纷，均由收付双方自行处理，票款于到期前仍按第一条办理不误。

四、承兑汇票到期日，承兑银行凭票无条件支付票款。如到期日之前申请人不能足额交付票款时，承兑银行对不足支付部分的票款转作承兑申请人逾期贷款，并按照有关规定计收罚息。

五、承兑汇款付清后，本协议始自动失效。

本协议第一、二联分别由承兑银行信贷部门和承兑申请人存执，协议副本由银行会计部门存查。

承兑银行　　(盖章)　　承兑申请人　　(盖章)

订立承兑协议日期 2007　年　3 月　15　日

图 5－6　银行承兑协议

光大商贸有限公司开户行工行小街分理处承兑（见图 5－7）。

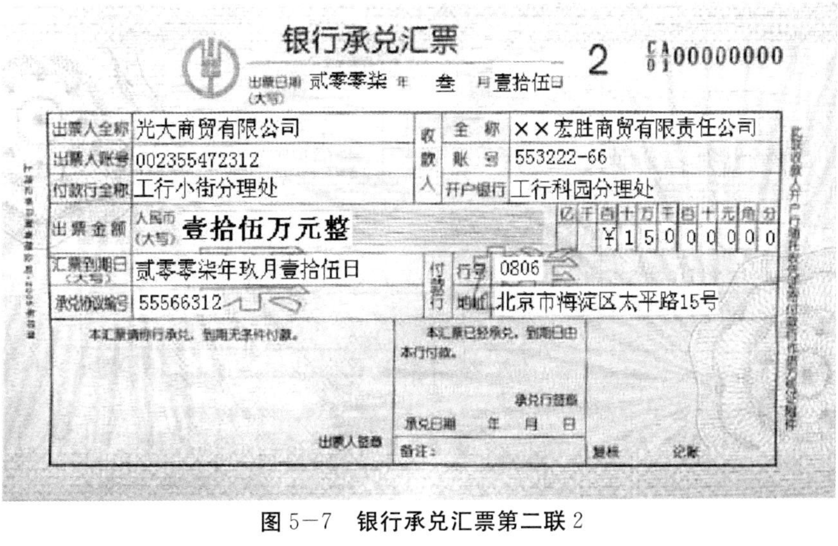

银行承兑汇票　　2　　CA 01 00000000

出票日期（大写）贰零零柒 年　叁　月壹拾伍日

出票人全称	光大商贸有限公司	收款人	全　称	××宏胜商贸有限责任公司
出票人账号	002355472312		账　号	553222-66
付款行全称	工行小街分理处		开户银行	工行科园分理处
出票金额	人民币（大写）壹拾伍万元整		亿千百十万千百十元角分	￥15000000
汇票到期日（大写）	贰零零柒年玖月壹拾伍日	付款行	行号	0806
承兑协议编号	55566312		地址	北京市海淀区太平路15号

本汇票请你行承兑，到期无条件付款。　　出票人签章

本汇票已经承兑，到期日由本行付款。　承兑行签章　承兑日期　年　月　日　备注：　复核　记账

图 5－7　银行承兑汇票第二联 2

（3）票据到期，持票人××宏胜商贸有限责任公司委托开户行工行科园分理处收取款项，并做托收背书（见图 5－8）。

托收凭证（贷方凭证）　　2

委托日期 2007 年 9 月 15 日

业务类型	委托收款（□邮划、✓电划）		托收承付（□邮划、□电划）			
付款人	全称	光大商贸有限公司	收款人	全称	××宏胜商贸有限责任公司	
	账号	0023554723		账号	553222-66	
	地址	北京市 海淀区　开户行 工行小衡分理处		地址	北京市 西城区　开户行 工行科园分理处	
金额	人民币（大写）	壹拾伍万元整			亿千百十万千百十元角分：¥15000000	
款项内容	货款	托收凭据名称	银行承兑汇票	附寄单证张数	1	
商品发运情况	已发运		合同名称号码	001		
备注： 收款人开户银行收到日期 年　月　日	上列款项随附有关债务证明，请予办理。 收款人签章		复核　　记账			

此联收款人开户银行作贷方凭证

10×17.5cm [illegible]

被背书人 工行科园分理处	被背书人
委托收款 财务专用章 张三 背书人签章 年　月　日	背书人签章 年　月　日

（贴粘单处）

图 5－8　托收凭证第二联及银行承兑汇票背书

四、案例分析

（一）银行承兑汇票结算

1. 企业概况

××亚太建设有限公司是一国有大型企业，主业包括工程建设与服务、房地产开发经营、新材料研发与经营。现有总资产 270 亿元，2014 年营业收入达 420 亿元，利润总额 3.7 亿元。该公司还多次获得全国先进建筑施工企业、全国守合同重信用企业、企业信用等级 AAA 级单位等荣誉称号，同时该企业在各家银行贷款授信额度极大。

2. 案例经过

2016年2月，××亚太建设有限公司通过竞争得到一笔多功能低碳无机人造石新材料的急单，要完成该笔订单需要价值2 000万的铝粉来作为生产原料，但公司手头只有400万流动资金作为该笔订单的预算，且无存货，而有一笔1 600万的应收账款预计于6个月后才能收到，若等该笔款项收回，则会拖延多功能低碳无机人造石的交货时间而为此付出滞纳金。此时，公司负责人想到自己公司在本地××银行有2 000万的授信额度，在授信额度内，企业可以申请开立期限为6个月的银行承兑汇票2 000万元，但须存入保证金20％，即400万元。在此情况下，公司决定用400万的流动资金促成2 000万订单的达成。

紧接着，该公司立即派采购部经理亲自前往铝粉生产厂进行洽谈。最终，双方达成交易，约定以银行承兑汇票方式结算货款。

3. 案例结果

2016年4月20日，××亚太建设有限公司签发了一张金额为2000万、期限为6个月的汇票，并向本地的××银行申请了承兑。4月22日，该公司将汇票交给了铝粉生产厂办理货款结算。4月28日，按照双方合同约定，铝粉生产厂按时向该公司交货。

（二）银行承兑汇票背书转让

1. 企业概况

××建材有限公司是一家国内大型的集设计研发、生产制造、工程应用、集成服务于一体的绿色建筑材料产业集团，公司资产总额逾150亿元，直接管理全资、控股企业9家。以工业化预制建材及绿色建材的新材料业务为主，主要产品包括浮法玻璃、建筑加工玻璃、太阳能光伏玻璃、汽车玻璃、幕墙和水泥、岩棉、管材、沥青瓦、防水卷材、混凝土预制构件等。该公司属于AAA级企业，在国内同行业中资信度较高。

2. 案例经过

2016年年初，××建材有限公司购买了××钢铁集团公司一批货物，货款总金额为950万元。××钢铁集团公司和××建材有限公司约定以银行承兑汇票进行货款结算。2016年3月20日，××建材有限公司按约定到其开户行申请开出一张限期为3个月的银行承兑汇票。××建材有限公司将经过银行承兑的汇票交予××钢铁集团公司完成了该笔款项的结算。

2016年5月8日，××钢铁集团公司向××商贸股份有限公司购买了950万的管材原料，××钢铁集团公司将此汇票背书转让给了××商贸股份有限公司用于支付该笔货款。5月13日，××商贸股份有限公司又把该票据背书给××贸易公司支付业务费用。

3. 案例结果

××贸易公司在汇票到期后委托其开户行向承兑银行收取票款。

（三）银行承兑汇票贴现

1. 企业概况

××房地产开发有限公司成立于 2005 年，公司注册资金 1 亿元，是建设部批准的房地产开发一级资质企业。公司主要经营范围为房地产项目的开发与销售、旧城改造、物业管理，年销售额达 490 亿元人民币。该公司实力较雄厚，重信用、守合同，赢得了广大客户的信任，是一家追求卓越、专注品质和细节的专业地产公司。

2. 案例发展

2010 年，××房地产开发有限公司在海南开发旅游项目，涉及支付给工程施工单位的工程款高达 8 000 万元。为了便于资金的灵活周转，该公司征得各工程施工单位的同意，约定以银行承兑汇票方式来结算工程款。2010 年 12 月 20 日，该公司向其开户银行申请承兑了一张出票金额为 8 000 万、期限为 6 个月的银行承兑汇票。12 月 25 日，该公司将此银行承兑汇票提交给工程施工方进行工程款的结算。2011 年 1 月 25 日，工程施工方因急需流动资金，决定将该银行承兑汇票向中国农业银行济南银河支行申请贴现，贴现年利率为 6%（按 360 天计算）。

3. 案例结果

中国农业银行济南银河支行受理了该汇票贴现业务，根据贴现年利率，银行扣除贴现息，工程施工方最终获得贴现净款，从而解决了急需的资金问题。

第六章　商业承兑汇票

一、实训目标

（1）掌握商业承兑汇票的内容。

（2）能够正确签发商业承兑汇票。

（3）掌握商业承兑汇票的承兑方式。

（4）掌握商业承兑汇票的背书转让、贴现、再贴现和转贴现等业务操作。

二、实训知识

（一）商业承兑汇票的定义

商业承兑汇票是工商企业或个人签发的，由银行以外的付款人承兑并在指定日期无条件支付确定的金额给收款人或者持票人的票据。例如出口企业出票，进口企业承兑并付款。商业承兑汇票是商业汇票的一种。

（二）商业承兑汇票基本当事人

1. 出票人（Drawer）

出票人是指签发并交付汇票给收款人的当事人。出票人完成了出票行为后就对后手承担保证责任，即当收款人或持票人提示汇票时，付款人一定会承兑或付款，如果付款人拒付，持票人有权通过法定程序向出票人追索。商业承兑汇票属于商业汇票，出票人是企业或者个人，同时作为远期汇票，承兑前出票人是主债务人，承兑后承兑人成为主债务人。

2. 承兑人（Acceptor）

承兑人是指在票据上做承兑并交付票据给出票人或收款人的当事人。承兑人一旦完成承兑行为，就成为票据的第一付款人，并承担绝对的付款义务。商业承兑汇票的承兑人是企业或个人，可能是出票人自己（如进口商出票），也可能是由第三方企业或个人充当承兑人。

3. 付款人（Drawee）

付款人是指接受无条件支付命令的当事人，即受票人。受票人因被记载于汇票上，便承担了对汇票承兑或者付款的责任。但各国票据法均没有规定受票人就一定要承兑或付款，受票人不是票据的债务人，有权选择不承兑或不付款。因此，若出现不能付款，持票人可以对出票人等票据债务人行使追索权，不能强制要求付款人承兑或者付款。商业承兑汇票的付款人是企业或个人，既有可能是出票人自己，也有可能是与出票人有着委托关系的第三方企业或个人。

4. 收款人（Payee）

收款人是指收取汇票票款的人。出票人开立并交付汇票给收款人以后，收款人就取得了票据的权利，即成为汇票的主债务人。收款人可以凭汇票取得票款，也可以将汇票背书后转让给他人。

（三）商业承兑汇票的票据行为

1. 出票（Issue）

商业承兑汇票的出票是指出票人签发或开立汇票，经签字后交付给收款人的票据行为。汇票的出票由两部分组成：一是出票人签发汇票并签字；二是由出票人交付给收款人。出票人出票后，若付款人拒付，则持票人有权向出票人行使追索权。

2. 背书（Endorsement）

商业承兑汇票的背书是指持票人以转让其权利为目的而在汇票的背面或粘单上记载有关事项并签字，然后将汇票交付被背书人的一种附属票据行为。我国《票据法》规定，背书是持票人所做的票据行为；背书是一种附属票据行为，它是建立在出票行为所创设的票据基础之上的票据行为；背书是以转让票据权利或一定的票据权利授予他人行使为目的的票据行为；背书应在票据的背面或粘单上记载有关事项并签章。但并不是所有的汇票都可以通过背书转让，只有指示性汇票才能通过背书转让权利。

3. 承兑（Acceptance）

商业承兑汇票的承兑是指受票人在汇票正面做到期支付票款承诺的记载，并签章的一种行为。承兑由两部分组成：一是写成；二是交付。汇票的承兑行为一般做在汇票的正面或粘贴单上，票据一经承兑，承兑人的付款义务就是第一性的和绝对的。

4. 付款（Payment）

商业承兑汇票的付款是指在票据规定的时间和地点向收款人或持票人支付票款的行为。付款人一经付款，票据责任即被解除，它是消灭票据关系的行为。若其他人付款后，可依民法的规定向有关当事人请求补偿。

5. 贴现（Discount）

商业承兑汇票的贴现是指持票人将已承兑但尚未到期汇票转让给银行或贴现公司，

后者从票面金额中扣减按照一定贴现率计算的贴现息后，将余款付给持票人的行为。贴现是票据买卖，资金融通业务。

贴现息计算公式如下：

$$贴现息＝票面金额×［贴现天数/360（365）］×贴现率$$

案例

2010 年 3 月 11 日，A 公司开立了一张金额为 10 万美元，以 B 公司为付款人，出票后 60 天付款的商业承兑汇票。4 月 8 日，A 公司从 C 公司购进一批价值 10 万美元的原材料，A 公司把该汇票背书转让给了 C 公司。C 公司持该汇票于同年 4 月 12 日向 B 公司提示付款，B 公司次日对该汇票进行了承兑。4 月 13 日，C 公司持该票向银行贴现，贴现年利率为 10％（按 360 天计算）。请计算到期日、贴现天数和实得票款净额。

到期日：3 月份 20 天＋4 月份 30 天＋5 月份 10 天＝60 天，所以到期日为 5 月 10 日。

贴现天数：4 月 13 日贴现，5 月 10 日到期，贴现天数为 27 天。

贴现息＝10 万×［27/360］×10％＝750 美元

实得票款金额：100000－750＝99250 美元

（四）商业承兑汇票的填制及票据式样

商业承兑汇票一式三联：第一联为卡片联，由承兑人（付款单位）留存；第二联为正本联，由收款人开户银行随托收凭证寄付款人开户银行作借方凭证附件；第三联为存根联，由签发人存查。

商业承兑汇票票据式样如图 6-1 所示。

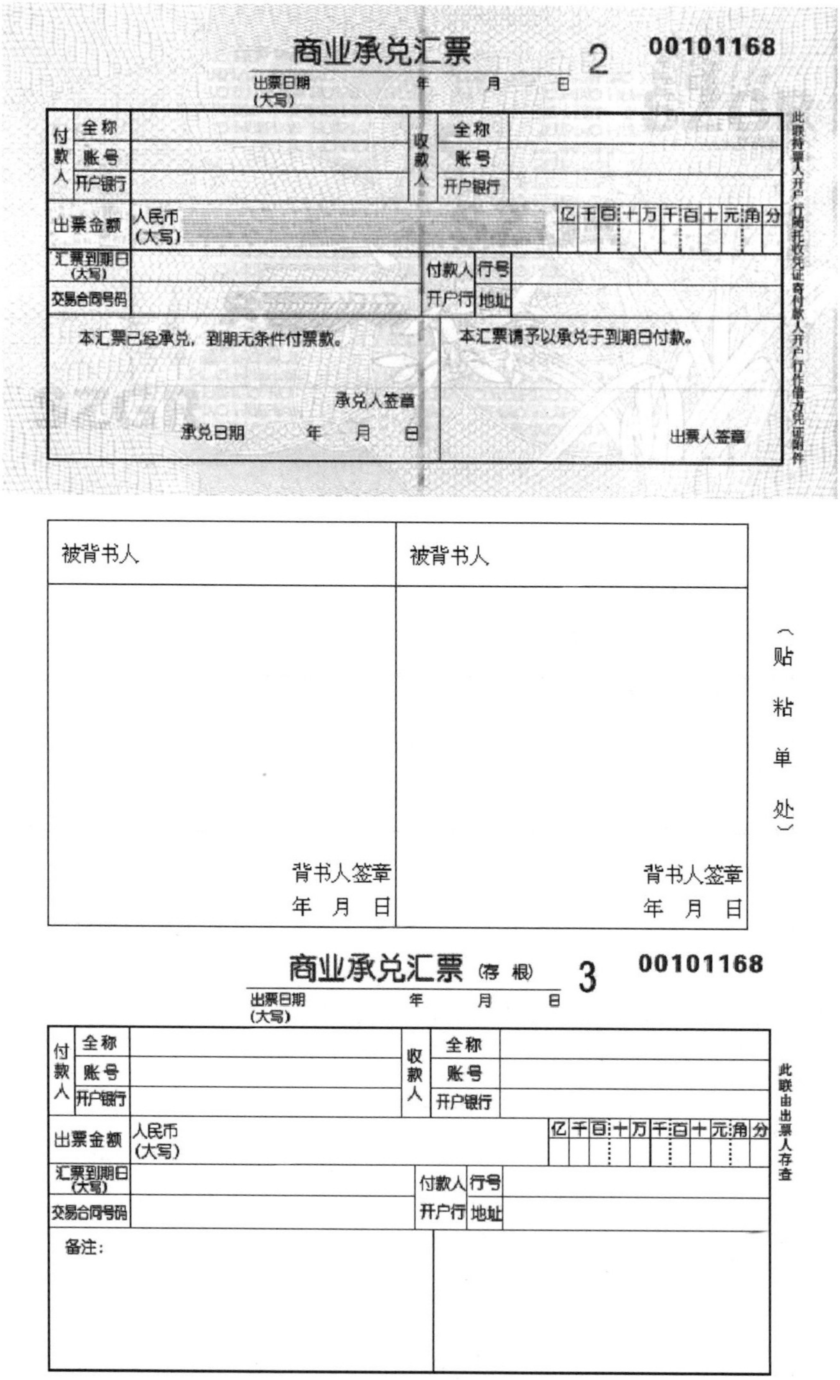

商业承兑汇票 2 00101168

出票日期（大写） 年 月 日

付款人	全称		收款人	全称	
	账号			账号	
	开户银行			开户银行	
出票金额	人民币（大写）				亿 千 百 十 万 千 百 十 元 角 分
汇票到期日（大写）			付款人开户行	行号	
交易合同号码				地址	

本汇票已经承兑，到期无条件付票款。 承兑人签章 承兑日期 年 月 日

本汇票请予以承兑于到期日付款。 出票人签章

此联持票人开户行随托收凭证寄付款人开户行作借方凭证附件

被背书人	被背书人
背书人签章 年 月 日	背书人签章 年 月 日

（贴粘单处）

商业承兑汇票（存根） 3 00101168

出票日期（大写） 年 月 日

付款人	全称		收款人	全称	
	账号			账号	
	开户银行			开户银行	
出票金额	人民币（大写）				亿 千 百 十 万 千 百 十 元 角 分
汇票到期日（大写）			付款人开户行	行号	
交易合同号码				地址	

备注：

此联由出票人存查

图 6－1 商业承兑汇票票据式样

（五）商业承兑汇票的业务流程

1. 商业承兑汇票结算流程

（1）进口商出票、承兑并付款（此时的商业承兑汇票同商业本票）的商业承兑汇票

结算流程如图 6-2 所示。

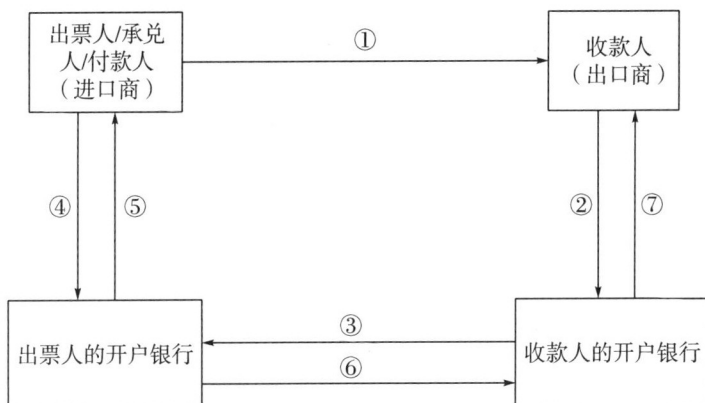

图 6-2　进口商出票、承兑并付款的商业承兑汇票结算流程

图示说明：①进口商签发汇票，并在汇票上做承兑，然后交汇票给收款人；②待汇票到期，收款人将票据交予开户行委托收款；③收款人开户行将票据交予出票人开户行委托收款；④票据到期前缴足票款；⑤通知付款；⑥划款；⑦收妥入账通知。

（2）由出口商出票、进口商承兑付款的商业承兑汇算结算流程如图 6-3 所示。

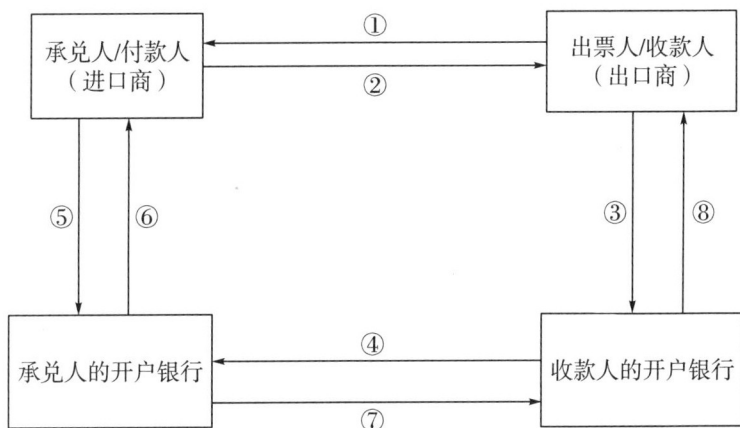

图 6-3　出口商出票、进口商承兑付款的商业承兑汇算结算流程

图示说明：①出口商签发汇票，然后交进口商做承兑；②进口商在汇票上承兑后将汇票交予出口商；③待汇票到期，收款人将票据交予开户行委托收款；④收款人开户行将票据交予承兑人开户行委托收款；⑤票据到期前缴足票款；⑥通知付款；⑦划款；⑧收妥入账通知。

2. 商业承兑汇票背书转让流程

商业承兑汇票背书转让流程如图 6-4 所示。

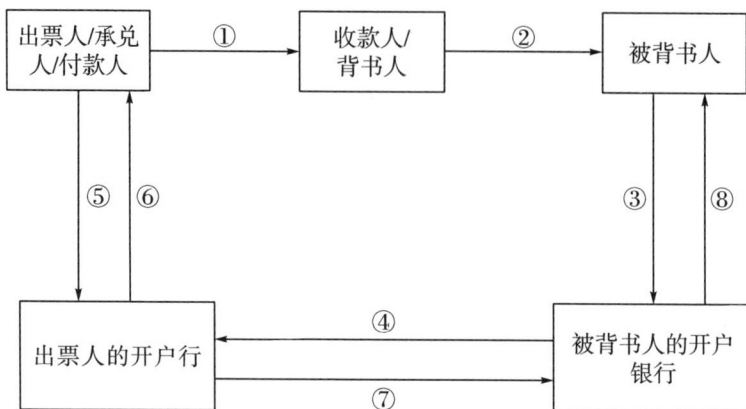

图6-4 商业承兑汇票背书转让流程

图示说明：①出票人签发汇票，并在汇票上做承兑，后交付给收款人；②收款人将汇票背书转让给被背书人；③待票据到期，被背书人将商业承兑汇票交予开户行委托收款；④被背书人开户行将票据交予出票人开户银行，收取相应款项；⑤票据到期前缴足票款；⑥通知付款；⑦划款；⑧收妥入账通知。

3. 商业承兑汇票贴现流程

商业承兑汇票贴现流程如图6-5所示。

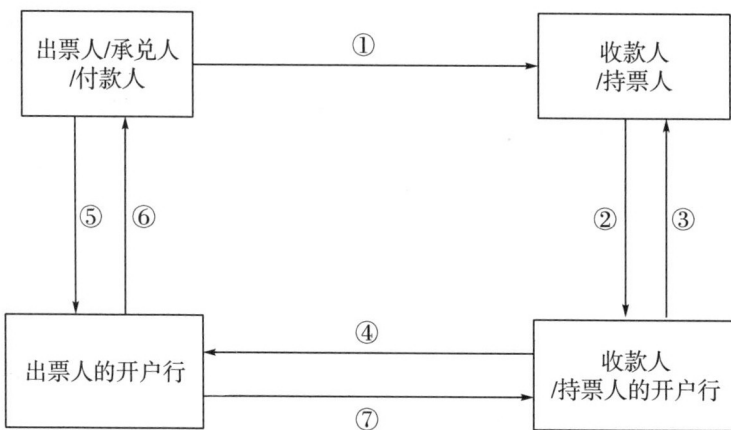

图6-5 商业承兑汇票贴现流程

图示说明：①出票人签发汇票，并在汇票上做承兑，后交付给收款人或持票人；②票据到期前，收款人或持票人将票据交予开户行申请贴现；③贴现；④待票据到期，收款人或持票人开户行将票据交予出票人开户行并委托收款；⑤缴足票款；⑥通知付款；⑦划款。

三、业务场景及操作

（一）商业承兑汇票结算业务

2013 年 12 月 5 日，海蓝公司销售给学大培训学校课桌 500 张，每张 90 元，椅子 500 把，每把 50 元，增值税率为 17%，双方协商采用商业承兑汇票办理结算。

（1）学大培训学校开立汇票并承兑。

在出票过程中，出票日期和出票金额必须大写，如果填写错误应将票据作废，如图 6−6 所示。

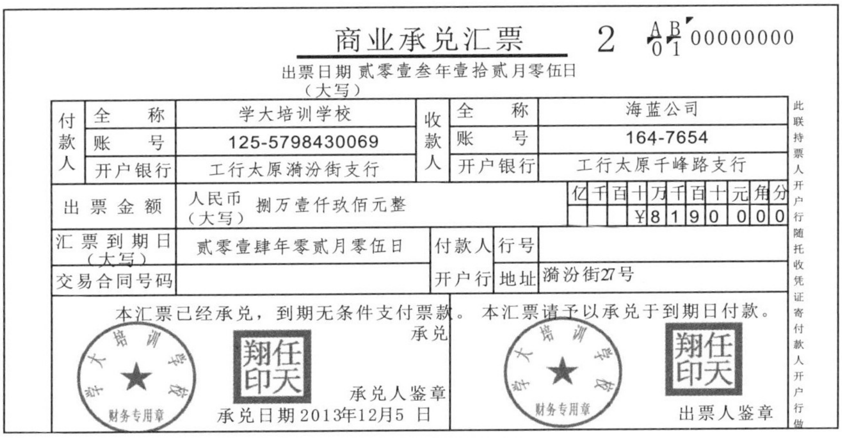

商业承兑汇票　2　AB 01 00000000

出票日期（大写）贰零壹叁年壹拾贰月零伍日

付款人	全　称	学大培训学校	收款人	全　称	海蓝公司
	账　号	125-5798430069		账　号	164-7654
	开户银行	工行太原漪汾街支行		开户银行	工行太原千峰路支行
出票金额	人民币（大写）捌万壹仟玖佰元整			亿千百十万千百十元角分	¥81900000
汇票到期日（大写）	贰零壹肆年零贰月零伍日		付款人开户行	行号	
交易合同号码				地址	漪汾街27号

本汇票已经承兑，到期无条件支付票款。承兑　承兑人鉴章　承兑日期 2013年12月5日

本汇票请予以承兑于到期日付款。出票人鉴章

财务专用章　翔任印天

此联持票人开户行随托收凭证寄付款人开户行做

图 6−6　商业承兑汇票第二联

（2）汇票到期，海蓝公司委托开户行收款，开户行接受委托。

商业汇票提示付款时，应签发一式五联的托收凭证，将托收凭证及商业承兑汇票第二联一并交开户银行办理托收，如图 6−7 所示。

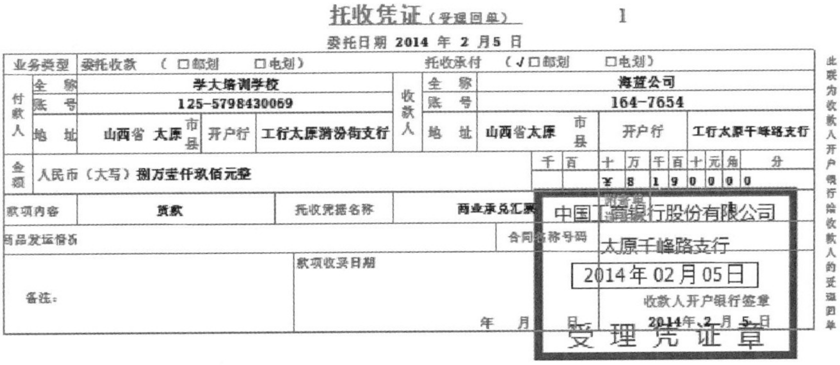

托收凭证（受理回单）　1

委托日期 2014 年 2 月5 日

业务类型	委托收款（□邮划　□电划）		托收承付（✓□邮划　□电划）		
付款人	全称	学大培训学校	收款人	全称	海蓝公司
	账号	125-5798430069		账号	164-7654
	地址	山西省 太原 市/县　开户行 工行太原漪汾街支行		地址	山西省太原 市/县　开户行 工行太原千峰路支行
金额	人民币（大写）捌万壹仟玖佰元整			千百十万千百十元角分	¥8190000
款项内容	货款	托收凭据名称	商业承兑汇票	附寄单证张数	
商品发运情况				合同名称号码	
备注：		款项收妥日期　年　月　日		收款人开户银行签章　2014年 2 月 5 日	

中国工商银行股份有限公司 太原千峰路支行 2014年02月05日 受理凭证章

此联为收款人开户银行给收款人的受理回单

图 6−7　托收凭证第一联

（3）银行收回票款并入账，如图 6−8 所示。

托收凭证（汇款依据或收款通知）　4

委托日期2014 年 2 月 5 日　　付款期限　年　月　日

业务类型	委托收款（√□邮划　□电划）			托收承付（□邮划　□电划）		
付款人	全称	学大培训学校	收款人	全称	海蓝公司	
	账号	125-5798430069		账号	164-7654	
	地址	山西省太原市/县　开户行　工行太原漪汾街支行		地址	山西省太原市/县　开户行　工行太原千峰路支行	
金额	人民币（大写）捌万壹仟玖佰元整				亿 千 百 十 万 千 百 十 元 角 分	¥ 8 1 9 0 0 0 0
款项内容	货款	托收凭据名称	商业承兑汇票	附寄单证	1	
商品发运情况						
备注 复核　记账		上列款项已划回收入方账户 收款人开户银行签章 2014年2月10日				

中国工商银行股份有限公司 太原市千峰路支行 2014年12月10 转讫

此联付款人开户行凭以汇款或收款人开户银行作收账通知

图 6—8　托收凭证第四联

四、案例分析

（一）商业承兑汇票贴现

1. 企业概况

四川省××有限公司是由省政府出资设立的国有独资公司，是地方集资办电的专业投资机构。经省政府授权负责省内电力及其他能源建设资金的筹集和投资管理，代表省政府负责对电力等能源项目进行投资经营管理，对建设项目进行资本运营，是涉足电力、煤炭、采掘、煤化工、煤层气、新能源、物流及天然气管输、金融证券、房地产开发、酒店餐饮、高科技等产业的大型企业集团。该公司的注册资本 3 亿元，总资产高达 300 亿元，年销售收入超过 100 亿元，同时该公司在各家银行闲置贷款授信额度极大。

2. 银行切入点分析

某股份制银行作为四川省××有限公司众多贷款银行中的后来者，也提供给四川省××有限公司 1 亿元的贷款额度，但是，四川省××有限公司在其他银行的授信额度极大，所以这家银行的授信根本就不启用。于是该银行分析：四川省××有限公司有超过 30 多家供应商，全部为煤炭供应商、电力设备供应商、电缆供应商、发电绝缘件供应商等，这些中小供应商普遍资金紧张，而四川省××有限公司支付给这些供应商的结算款账期多在 2 个月左右，于是该银行准备向其提供供应链融资。

该银行劝说四川省××有限公司把账期从 2 个月延长到 5 个月，但是必须签发商业承兑汇票给供应商。经过银行多次耐心的劝说，供应商都答应接受商业承兑汇票付款的方案。

3. 银企合作情况

（1）四川省××有限公司挑选出 10 家供应商，每家应付货款金额为1 000 万元。四川省××有限公司1亿元贷款额度全部换用为商业承兑汇票贴现额度。

（2）四川省××有限公司签发1亿元商业承兑汇票，四川省××有限公司与供应商及银行签订《商业承兑汇票代理贴现三方协议》，银行承诺按照提供给四川省××有限公司的优惠商业承兑汇票贴现利率提供给供应商，四川省××有限公司可以收取0.1%的手续费。

（3）四川省××有限公司签发1亿元的商业承兑汇票给供应商，并代理供应商完成贴现，银行提供商业承兑汇票贴现融资。

（4）银行将贴现后款项直接划付给10家供应商。

（二）商业承兑汇票结算案例

1. 企业概况

深圳市××股份有限公司注册资本2亿元，为本地的龙头企业，总资产高达200亿元，年销售收入超过100亿元。该公司主要从事消费类电子、汽车相关电子连接器和精密组件等相关技术研发和产品生产，主营的家电和消费类电子线束、连接器等产品广泛应用于家用电器、计算机及外围设备、智能手机、可穿戴设备和LED照明等各个领域。汽车连接器、线束及相关产品，已进入众多国内外整车厂及汽车零部件厂商的供应链。

此外，该公司还拥有多家集团控股公司、中外合资公司、海外合资公司、海外贸易公司，海外销售和服务分支机构，并且在家电领域与创维、美的、TCL等家电龙头企业存在稳定的战略性合作关系，在汽车零部件供应链中有着众多的国际品牌客户（如大众、宝马、奔驰等）。

2. 案例经过

2011年年初，深圳××创股份有限公司出现了资金紧张的局面。2011年8月，该公司再次接到一老客户发来的电子线束采购订单。2011年9月10日，该公司向重庆市××塑料有限公司采购一批电子线束的生产原料，价值为1 000万元，但公司的流动资金仅600万。由于该公司资信较好，资金实力雄厚，根据双方已签订的商品购销合同，双方约定采用商业承兑汇票进行货款结算。2011年9月11日，该公司签发了金额为1 000万、期限为3个月的商业承兑汇票交付给重庆市××塑料有限公司完成货款结算。

3. 案例结果

重庆市××塑料有限公司在汇票到期后到开户银行委托收款。

（三）商业承兑汇票背书转让

1. 企业概况

南昌市××钢铁有限公司是一家从原料到炼铁、炼钢、连铸、热轧等工序配套齐全、生产装备水平国内领先的大型钢铁联合企业，是国内具有先进制造能力的热轧钢铁产品生产基地。公司产品规模为年产热轧卷400万吨，主要产品包括碳素结构钢、低合金结构钢、汽车结构用钢、优质中高碳钢、冷成型用钢、电工钢、耐候钢等16个产品系列，100 余个钢种牌号。其中，铁水成本和热轧卷成本始终保持在行业先进水平，产品销售利润率连续 4 年远高于行业平均水平。该公司资金实力雄厚，同时多次获得各项荣誉称号，是一个资信度较高的企业。

2. 案例经过

2015 年 3 月 20 日，南昌市××钢铁集团公司因购买设备签发并承兑了一张出票金额为 1 800 万元、期限为 3 个月的商业承兑汇票，收款人为南昌市××机械有限公司。

2015 年 4 月 15 日，南昌市××机械有限公司从北京××建设有限公司购买原料，于是把该商业承兑汇票背书转让给北京××建设有限公司，北京××建设有限公司由于业务需要，又把该汇票转让给天津市××建材有限公司。

3. 案例结果

汇票到期，天津市××建材有限公司到商业银行委托收款。

第七章　票据填制规范及注意事项

一、实训目标

（1）掌握票据填制规范。

（2）熟悉票据业务处理流程。

二、实训知识

（一）票据的填制规范

1. 出票日期

出票日期按规定必须大写，数字大写的写法是：零、壹、贰、叁、肆、伍、陆、柒、捌、玖、拾。为了防止篡改，出票日期的写法如下：

（1）壹月至贰月前，"零"必须写；叁月至玖月前，"零"可写可不写；拾月至拾贰月前，必须加写"壹"，拾月前还应再写"零"，即"零壹拾月""壹拾壹月""壹拾贰月"。

（2）壹日至玖日前，"零"必须写；拾日至拾玖日前，必须加写"壹"；壹拾日、贰拾日和叁拾日前必须加写"零"，即"零壹拾日""零贰拾日""零叁拾日"。

2. 大写金额

用正楷或行书书写汉字大写金额，如零、壹、贰、叁、肆、伍、陆、柒、捌、玖、拾、佰、仟、万、亿、元、角、分、零、整（正）等，书写注意数字正确、字迹清晰、易于辨认、防止涂改。如果书写中使用繁体字，如圆、萬等，也应受理。

（1）大写金额数字到元为止，在"元"后必须写"整"或"正"；大写金额数字到角位为止，可以不写"整"或"正"；大写金额数字有分位，"分"后不写"整"。

（2）书写大写金额需要顶格写，紧接着货币名称"人民币"字样，货币名称和金额之间不得留空。

（3）"零"的写法。

阿拉伯数字金额中有"0"，大写金额要写"零"，如￥102，汉字大写金额应写成人民币壹佰零贰元整。

阿拉伯数字金额中间有连续几个“0”时，汉字大写金额可以只写一个“零”，如￥2 004.5，汉字大写金额应写成人民币贰仟零肆元伍角（整）。

阿拉伯数字金额万位和元位为“0”，或数字中间连续有几个“0”，万位、元位也是“0”，但角位不是“0”时，汉字大写金额可以只写一个“零”，也可以不写。例如￥36 000.78，汉字大写金额应写成人民币叁万陆仟元零柒角捌分或人民币叁万陆仟元柒角捌分；又如￥901 000.36，汉字大写金额应写成人民币玖拾万零壹仟元零叁角陆分，或人民币玖拾万壹仟元零叁角陆分。

阿拉伯数字金额角位是“0”，而分位不是“0”时，汉字大写金额“元”后面应写“零”，如￥6 789.03，汉字大写金额应写成人民币陆仟柒佰捌拾玖元零叁分。

3. 小写金额

在填制小写金额时，应当注意大小写金额必须一致。

（1）阿拉伯数字金额要一个一个地写在对应的数位栏中，不能写连笔。在金额数字前应当书写人民币符号“￥”，货币符号和金额数字之间不能留白。

（2）阿拉伯数字金额到元位为止的，应当在数位栏中“角”和“分”位写“0”占位。

4. 印鉴章

在支票的正面加盖单位开户时预留在银行的印鉴章，即预留印鉴章。预留印鉴章一般包括单位财务章及法人章，缺一不可。盖章时注意清晰，不可缺角，不得在空白支票上盖章。图 7－1 为现金支票正面，图 7－2 为现金支票背面。

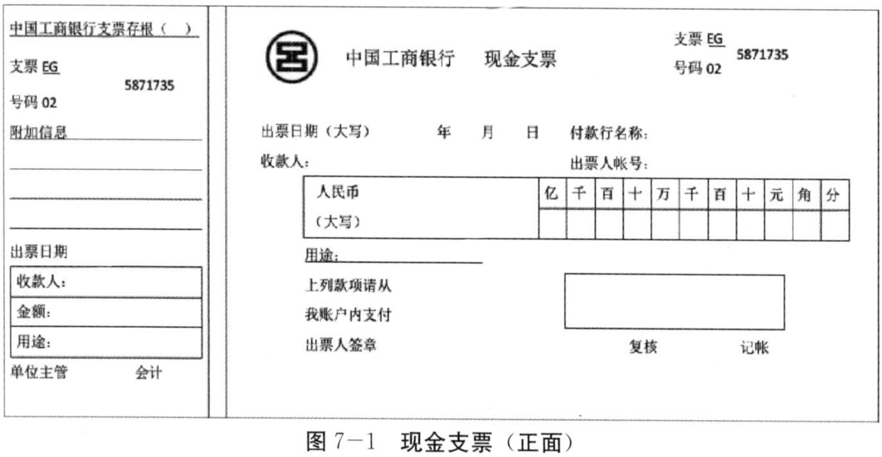

中国工商银行支票存根（ ）
支票 EG 号码 02 5871735
附加信息
出票日期
收款人：
金额：
用途：
单位主管 会计

中国工商银行 现金支票
支票 EG 号码 02 5871735
出票日期（大写） 年 月 日 付款行名称：
收款人： 出票人帐号：

人民币（大写）	亿	千	百	十	万	千	百	十	元	角	分

用途：
上列款项请从
我账户内支付
出票人签章 复核 记帐

图 7－1 现金支票（正面）

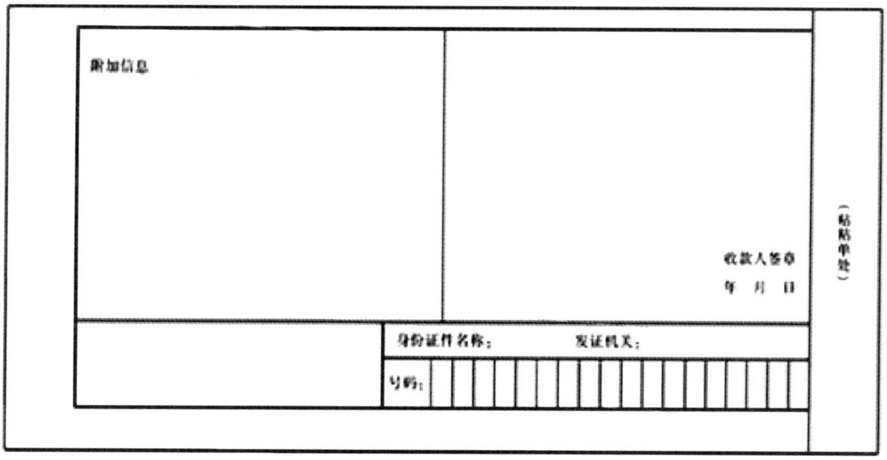

附加信息

收款人签章
年 月 日

（粘贴单处）

身份证件名称：　　　　　发证机关：

号码：

图 7-2　现金支票（背面）

（二）票据业务办理注意事项（以支票为例）

1. 出售支票

需要购买支票的客户，填制重要空白凭证购买清单并在凭证上加盖预留印鉴后，前往开户营业机构柜台办理领购支票业务。

（1）开户营业机构在出售支票时，对客户身份及其填写凭证进行审核。

①审核领购单位的账号名称是否相符，核对印鉴是否正确。

②核对领购人是否为单位指定领购人，如果有疑问，应立即与开户单位联系确认。

③根据客户的结算情况，判断客户申领凭证数量是否合理。一般每个账户一次一本，对业务量大、路途较远的客户，可根据实际情况酌情出售，注意风险控制。

（2）审核无误后，开户营业机构出售凭证。

①经办柜员根据凭证箱中实物，按照顺序号段出售并在系统中记录。

②按照不同类型支票收取手续费。

③打印相关凭证。

④为控制风险，经办柜员在出售支票时需要会计主管授权，确认凭证上号段与实物号段一致后将是支票交付客户，并同时登记相关登记簿。

（3）客户因故缴回已出售支票，经办柜员注销缴回支票。

①经办柜员在系统中查询，确认客户缴回支票为本网点出售给客户的支票，经办柜员在核对无误后，在缴回的支票上加盖"作废"章并剪角作废。

②经办柜员在系统中进行账务处理，并打印相关凭证。

2. 转账支票业务流程

（1）审核。

客户持转账支票前往柜台办理业务时，因转账支票不能提供完整的收款人信息，客户需要另外填写一式三联进账单。经办柜员在收到客户递交的转账支票及进账单时，应当对支票和进账单进行审核，审核重点如下：

①支票是否为本行受理的支票，是否为统一印制，是否真实有效，是否在提示付款期内。

②如本网点非客户开户行，该账户是否允许通兑。

③支票记载的事项是否齐全，出票金额、出票日期、收款人名称是否涂改。

④支票的大小写金额是否一致，与进账单的金额是否相符。

⑤持票人的名称与进账单上的收款人名称是否一致。

⑥出票人签章是否符合规定。

⑦使用支付密码的，支票上需有相应支付密码。

⑧背书转让的支票是否按规定的范围转让，其背书是否连续，签章是否符合规定，背书使用粘单的是否按规定在粘接处签章，粘单骑缝章为粘单第一背书人，收款人必须做委托背书。

⑨若受理的是跨交换区域的全国性支票时，还需认真审查支票是否记载银行机构代码并确认支票在规定限额之内。

（2）业务处理。

经办人员收到客户递交的转账支票和一式三联进账单，若为同城交换，收款人分为我行开户单位而出票人非我行开户单位；收款人非我行开户单位而出票人为我行开户单位；收款人出票人均为我行开户单位等三种情况处理。若为异地交换，通过全国支票影像交换系统进行处理。

①同城交换支付结算。

收款人为我行开户单位，出票人非我行开户单位。经办柜员在受理此类支票业务时，除按上述审核要求进行支票审核，还需要审核支票背面是否有委托收款背书。审核无误后，在进账单回单联加盖业务受理章后交还给持票人，支票按照票据交换的规定及时提出。待退票时间过后，若出票人开户行没有发生退票行为，进行入账处理，进账单第一联做贷方凭证，第三联加盖清讫章后作为收款人的收账通知；若支票被退票，将代保管的两联进账单连同支票一并退还持票人，并做好签收登记。

收款人非我行开户单位，出票人为我行开户单位。经办柜员在受理此类型业务时按上述规定对支票进行审核。若出票人非本网点开户且非通存通兑客户，需提示客户前往开户网点办理业务。审核无误后，直接在系统中进行账务处理，第二联进账单加盖业务受理章后交还持票人，在第一、三联进账单加盖业务清讫专用章后及时提出交换。如果对方银行因收款人账号户名不相符等原因提出退票，受理网点在接到退票信息后应当及时联系出票人，根据后续情况进行处理。若出票人余额不足不能下账，则将支票连同三联进账单一并退给持票人或出票人。

收款人、出票人均为我行开户单位。经办柜员在处理该类型业务的时候要注意区分出票账户是否是通存通兑账户，如果非通存通兑账户，处理方法参照收款人为我行开户单位、出票人非我行开户单位的处理流程。对于出票账户为通存通兑账户的出票人签发的支票在审核完支票后，视同内部转账进行账务处理。

②异地交换支付结算。

经办柜员在收到客户递交的转账支票和一式三联进账单，如果付款人不是本交换区域的开户单位，需通过全国支票影像交换系统进行处理。除了对支票进行常规审核外，还需要特别注意支票是否记载 12 位银行机构代码，并确认支票金额是否在规定限额之内。

审核完毕后，将加盖了业务受理章的第二联进账单递还给持票人。随后将相关支票要素组成的电子信息连同采集的相应支票影像一并在支票影像交换系统中提出。

待收到出票人开户行同意付款的信息并收到对方行发回的支票回执后，打印相关凭证，进行相关账务处理。对于出票人开户行拒绝付款的，直接作退票处理。

3. 现金支票业务流程

出票人开户行经办柜员在接到收款人持现金支票支取现金时，应对现金支票、支票票面要素及签章的真实性、完整性进行审核，其审核标准与转账支票总体一致。除此之外，还应对出票人账户性质进行审核。根据《中华人民共和国人民银行结算账户管理办法》，基本账户、临时账户和专用账户可支取现金，对于大额资金还需经过审批。

对于持票人提交的非本网点开户的出票人提交的现金支票，必须留意是否为通存通兑账户，且支取金额是否在规定限额以内。若为通存通兑账户，且支取金额不超过规定限额的，予以办理；若非通存通兑账户，或为通存通兑账户但支取金额超出限额的，不予受理。

4. 支票挂失业务处理

持票人若不慎遗失支票，须及时前往开户行申请办理挂失止付业务。在办理挂失业务时，根据《票据法》第十五条第三款的规定，失票人应当在通知挂失止付后三日内，也可以在票据丧失后，依法向人民法院申请公示催告，或者向法院提起诉讼。

开户行在收到失票人填制的"挂失止付通知书"后，对其各项内容，包括票据丧失的时间、地点和原因；票据的号码、金额、出票日期、付款日期、收款人名称；挂失人姓名、营业场所或住址以及联系方式等进行审核，对印鉴是否完整，与预留印鉴是否一致进行审核，并确认该款项确未付款。

经办人员审核无误后，会计主管应对经办柜员所受理的业务进行再次审核，待会计主管同意后，经办人员方可在系统中对支票作挂失处理，确认无误后授权签章。在第一联挂失止付通知书上加盖业务受理章后作为回单递还给客户，其余两联专夹保管。

三、业务场景及操作

2012 年 4 月 12 日，××江城有限公司从××阳光集团有限公司订购 1 000 套制服，价格为每套 800 元，总价 80 万元。××江城有限公司周某填开转账支票支付货款。

下列票据为周某填开的转账支票（见图 7-3），请指出错误并修改。

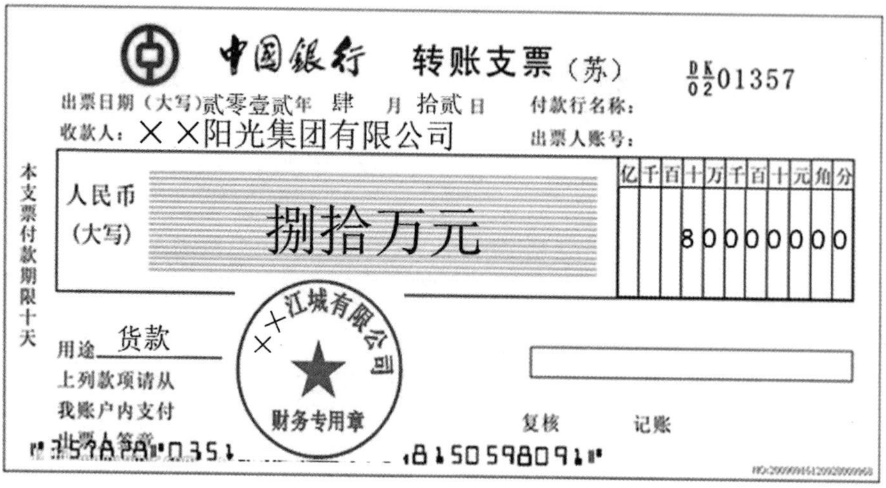
中国银行 转账支票（苏） DK 02 01357

出票日期（大写）贰零壹贰年 肆 月 拾贰 日 付款行名称：

收款人：××阳光集团有限公司 出票人账号：

本支票付款期限十天

人民币（大写） 捌拾万元

亿	千	百	十	万	千	百	十	元	角	分
			8	0	0	0	0	0	0	0

用途 货款

上列款项请从

我账户内支付

出票人签章 ××江城有限公司 财务专用章

复核 记账

图 7—3 转账支票 1

根据《支付结算办法》中关于票据填制规范规定，以上票据存在 4 处填写错误：

（1）拾日至拾玖日前必须加写“壹”。

（2）大写金额必须顶格。

（3）小写金额前必须加“¥”。

（4）票据签章除公司财务专用章还应有个人签章。

正确填写如图 7—4 所示：

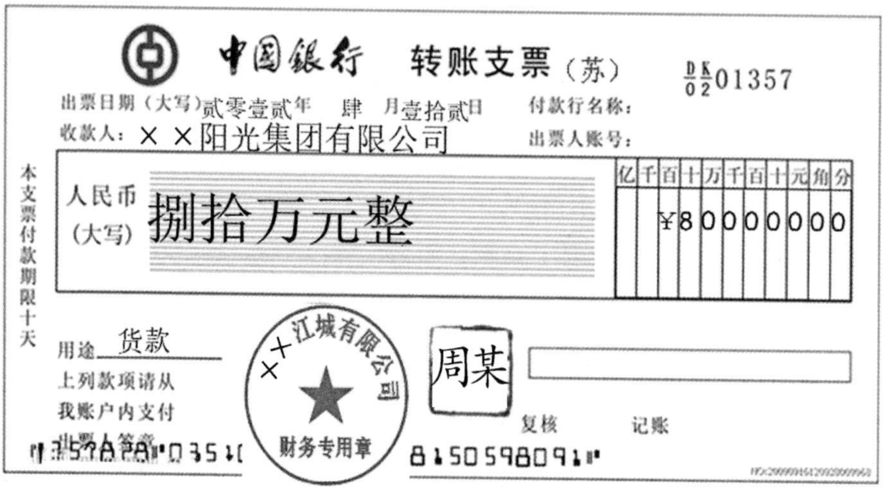
中国银行 转账支票（苏） DK 02 01357

出票日期（大写）贰零壹贰年 肆 月 壹拾贰 日 付款行名称：

收款人：××阳光集团有限公司 出票人账号：

本支票付款期限十天

人民币（大写）捌拾万元整

亿	千	百	十	万	千	百	十	元	角	分
		¥	8	0	0	0	0	0	0	0

用途 货款

上列款项请从

我账户内支付

出票人签章 ××江城有限公司 财务专用章 周某

复核 记账

图 7—4 转账支票 2

四、案例分析

（一）因涂改票据而产生的纠纷

2002 年 11 月 20 日，贾某将一张出票人为市政公司的农业银行转账支票交付保险公司，票面金额为456 342.02 元，用途为保费，出票日期为 2002 年 11 月 30 日，收款人没有填写。保险公司在将本公司填写为收款人后请求付款行兑付。2002 年 12 月 4 日，该支票被付款行以支票上人民币大写"叁"被涂改为由退票。保险公司即以市政公司为被告提起诉讼，请求支付票款，并在诉讼中称，是其保险代理员贾某将代收的保险费存入市政公司的账户。在接受市政公司出具的支票时，电话联系市政公司，核实了确属市政公司出票的真实性。市政公司称该支票已于 2002 年 9 月 15 日丢失，因为是空白支票，未填写收款人、票据金额、出票日期，所以未到开户银行办理挂失止付，也没有申请公示催告。保险公司与市政公司双方均同意贾某到庭作证。贾某到庭作证陈述称：我于 2002 年 9、10 月期间，在某饭店吃饭时捡到信封一个，内装该支票。当时为交纳所欠保险公司的保费，在捡到支票后即将该支票除收款人外的其他事项进行了填写，并交付给保险公司，日期填写为 2002 年 11 月 30 日，金额为456 342.02 元。为使该支票退票，我对支票金额的大写中的"叁"进行了涂改。贾某是保险公司的保险代理员，双方没有劳动工资关系，贾某从其代理的保险业务中进行提成。

法院判决驳回原告保险公司要求被告市政公司支付转账支票所载票款及支付延期付款利息的诉讼请求。

保险公司不服判决，提起上诉，二审维持了判决。

解析：

（1）票据权利应当是由有效票据产生的，无效票据不产生票据权利。根据我国《票据法》第九条第二款的规定，票据金额属"不得更改"的记载事项，"更改的票据无效"。本案持票人据以行使票据追索权的票据，其金额大写中的涂改，可以认定为是一种更改，按上述规定，该票据应当认定无效。因此本案可以以该理由为据，认定持票人对所持的转账支票不享有票据权利，从而驳回其诉讼请求。

（2）以票据取得原因与票据权利的关系来看，《票据法》规定了"不得享有票据权利"的取得原因，即其第十二条的规定。本案处理实际上引用了该条规定的第二款，即"持票人因重大过失取得不符合本法规定的票据的，也不得享有票据权利"。

（二）因空白支票而产生的纠纷

××水果批发公司和××进出口贸易公司签订了一份购销合同。××水果批发公司卖给××进出口贸易公司价值 20 万元的水果，××进出口贸易公司以空白转账支票方式支付货款。2016 年 9 月 22 日货物发出，××进出口贸易公司验收合格后签发给××水果批发公司一张在用途上注明"限额 20 万元"的空白转账支票。

2016 年 10 月 5 日，××水果批发公司与××纸箱有限责任公司签订了一份购销合同。××水果批发公司购买××纸箱有限责任公司 30 万元包装纸箱，遂将上述空白转账支票补记 30 万元金额背书转让给了××纸箱有限责任公司。

2016 年 10 月 20 日，××纸箱有限责任公司向当地工商银行分行提示付款，银行拒付，理由是：票面写有限额 20 万元，而提示的票据票面金额为 30 万元，超过了限额。

××纸箱有限责任公司遂向出票人××进出口贸易公司行使追索权。××进出口贸易公司认为自己出票时已经注明该空白转账支票限额 20 万元，所以只能承担 20 万元的责任，对超过部分不承担。

××纸箱有限责任公司又向××水果批发公司行使追索权。××水果批发公司认为尽管金额是自己补记的，但是支票是××进出口贸易公司签发的，应由××进出口贸易公司承担付款责任。

××纸箱有限责任公司只得起诉于法院。

解析：

我国《票据法》第八十五条规定了支票的绝对必要记载事项：表明"支票"字样，无条件支付的委托，确定的金额，付款人名称，出票日期，出票人签章。

"确定金额"是票据绝对必要记载事项，空白支票可以授权补记，只要支票被补记称为完全票据，就以据票据上记载的金额发生票据法上的效力。合法票据持有人依法有权主张票据权利。而注明"限额 20 万元"的限制，在票据法上是没有法律依据的。因此，银行审查票据合格后，应当足额付款。